가정법원 너머의
이혼상속 상담일지

가정법원 너머의
이혼상속 상담일지

초판 1쇄 발행 2025년 7월 9일
지은이 법무법인(유) 로고스, 최가경, 박상홍, 성진원, 홍예지
펴낸곳 (주)에스제이더블유인터내셔널
펴낸이 양홍걸 이시원

주소 서울시 영등포구 영신로166
구입 문의 02)2014-8151
고객센터 02)6409-0878

ISBN 979-11-6150-530-5 03360

이 책은 저작권법에 따라 보호받는 저작물이므로 무단복제와 무단전재를 금합니다.
이 책 내용의 전부 또는 일부를 이용하려면 반드시
저작권자와 (주)에스제이더블유인터내셔널의 서면 동의를 받아야 합니다.

북플레이트는 작가가 주인이 되어 직접 기획하고 책을 만드는, 작가가 주인공이 되는
공간입니다.
책을 만드는 일에 동참하실 작가님들을 모집합니다.
www.bookplate.co.kr

본 저작물은 'KOTRA'에서 '2021년' 작성하여 공공누리 제1유형으로 개방한 '코트라
도약체(작성자:KOTRA)'를 이용하였으며, 해당 저작물은 '공유마당, https://gongu.
copyright.or.kr/gongu/wrt/wrt/view.do?wrtSn=13302257&menuNo=200023'에
서 무료로 다운받으실 수 있습니다.

대형로펌 변호사가 직접 알려주는

가정법원 너머의
이혼상속 상담일지

법무법인(유) 로고스

최가경, 박상홍, 성진원, 홍예지

북플레이트

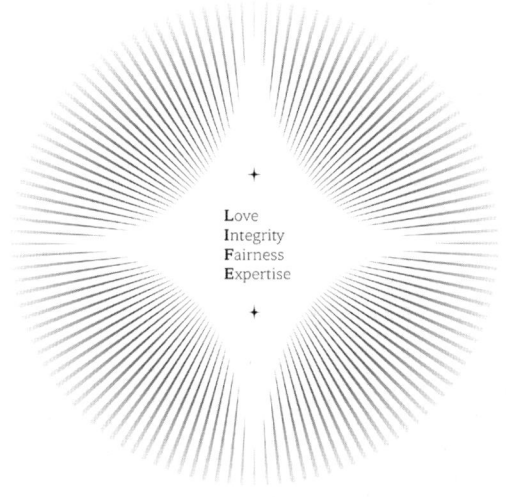

LOGOS for your LIFE

변호사의 사무실은 진실을 가리는 무대일 뿐만 아니라,
상처받고 아파하는 이들이 미래를 다시 설계하는 공간입니다.

이혼과 상속이라는 주제를 법이라는 틀에 가두지 않고,
사건 일지 형태로 재구성하여,
각 사건의 흐름에 숨겨진 감정과 갈등을 생생하게 담았습니다.

변호사로서의 책임과 작가로서의 감성을 융합하여,
사건 이면에 숨겨진 인간의 진정한 감정과 고민을
세심하게 풀어내고자 합니다.

목 차

PART 1 이혼/친자 상담일지

#01 재판상 인정되는 이혼 사유는 어떤 것이 있나요? 10
#02 유책 배우자도 이혼 청구가 가능한가요? 19
#03 이혼 소송에서 수집해 둔 증거가 없을 경우의 전략은? 29
#04 이혼 소송이 시작되었지만 이혼하지 않을 수 있을까요? 37
#05 이혼 후에도 혼인 관계의 무효 확인을 구할 수 있나요? 46
#06 이전 재판에서 누락된 재산을 다시 재산분할청구하려면? 55
#07 결혼 전부터 키우던 반려견을 남편이 이혼 시 데려가겠다고 합니다. 64
#08 20년을 같이 살았는데 혼인신고를 안 했다는 이유로 남편이 재산 분할을 거부합니다. 73
#09 25년 동안 집안에 헌신했는데 맨몸으로 쫓겨나게 생겼습니다. 82
#10 사실혼 관계의 재산분할 시 기준이 되는 시점은 언제인가요? 90
#11 바람 핀 남편이 위자료만 줄테니 이혼하자고 하네요. 98
#12 유책 배우자인 제가 징역형을 살게 되어도 친권·양육권을 지킬 수 있나요? 106
#13 친권자 변경을 하지 않겠다는 서약, 뒤집을 수 없나요? 113

PART 2 상속/후견 상담일지

- #01 치매 증세가 있던 아버지의 건물 증여, 어쩌죠? 124
- #02 아버지의 말씀이 유언으로 인정되지 않으면 어떻게 해야 하나요? 132
- #03 부모님을 홀로 모셔도, 상속은 똑같이 하자는데 어쩌죠. 142
- #04 돌아가신 어머니의 예금을 인출하려는데, 은행이 거부합니다. 150
- #05 어머니 생전에 모든 상속재산을 빼돌린 동생, 전 한 푼도 못 받나요? 157
- #06 어머니가 제 딸에게 증여한 수억 원, 제 상속분에 영향이 있나요? 164
- #07 아버지께 받은 강남아파트를 아직도 갖고 있는 동생과 이미 팔아버린 저, 유류분반환금액은 같나요? 170
- #08 어머니가 혼수상태로 지내시다 작고하셨는데 혼수상태 당시 명품 구입 내역이 있습니다. 179
- #09 사실혼 배우자의 사망 시 재산분할청구권과 상속권이 인정되나요? 188
- #10 돌아가신 아버님의 유해를 장남에게서 되찾을 수 있나요? 195
- #11 며느리가 돌보지 않는 손녀, 어떻게 보호해야 하죠? 202
- #12 어머니의 후견인이 되었습니다. 무엇을 해야 하나요? 210
- #13 후견인에 대한 신뢰를 잃었습니다. 어떻게 해야 하죠? 218

#01 재판상 인정되는 이혼 사유는 어떤 것이 있나요?
#02 유책 배우자도 이혼 청구가 가능한가요?
#03 이혼 소송에서 수집해 둔 증거가 없을 경우의 전략은?
#04 이혼 소송이 시작되었지만 이혼하지 않을 수 있을까요?
#05 이혼 후에도 혼인 관계의 무효 확인을 구할 수 있나요?
#06 이전 재판에서 누락된 재산을 다시 재산분할청구하려면?
#07 결혼 전부터 키우던 반려견을 남편이 이혼 시 데려가겠다고 합니다.
#08 20년을 같이 살았는데 혼인신고를 안 했다는 이유로 남편이 재산분할을 거부합니다.
#09 25년 동안 집안에 헌신했는데 맨몸으로 쫓겨나게 생겼습니다.
#10 사실혼 관계의 재산분할 시 기준이 되는 시점은 언제인가요?
#11 바람 핀 남편이 위자료만 줄테니 이혼하자고 하네요.
#12 유책 배우자인 제가 징역형을 살게 되어도 친권·양육권을 지킬 수 있나요?
#13 친권자 변경을 하지 않겠다는 서약, 뒤집을 수 없나요?

PART 1
이혼/친자 상담일지

가사·상속 전문 변호사 상담일지 #01

재판상 인정되는 이혼 사유는 어떤 것이 있나요?

법무법인(유) 로고스 가사/상속팀 박상홍 변호사

"변호사님,
제 삶을 돌아보면 어디서부터 잘못된 건지 모르겠어요."

A씨는 무거운 표정으로 속마음을 털어놓기 시작했습니다. 그녀는 남편 B씨와 2005년 봄에 혼인신고를 마친 후 같은 직장에서 일하며 평범한 부부로 살았습니다. 그러나 행복했던 결혼 생활은 그리 오래가지 않았습니다. 남편 B씨는 결혼 7년차이던 2012년, 갑자기 "사업이 꿈이었다"고 선언하며 회사를 그만두고 중국으로 떠났습니다. 하지만 B씨의 당찬 포부가 무색하게 중국 사업은 얼마 못 가 문을 닫게 되었고, 이후 B씨는 현지 물류

회사에 취업해 중국에서 생활하며 한국에 있는 집에는 거의 돌아오지 않게 되었습니다.

문제는 그때부터 시작되었습니다. 남편의 빈자리가 길어지던 중 A씨는 전혀 예상치 못한 일로 충격을 받았습니다. 2012년과 2013년 두 차례나 성병 진단을 받게 된 것입니다. 남편 외에 다른 사람과의 관계는 전혀 없었기에, A씨는 남편의 외도를 강하게 의심할 수밖에 없었습니다. 더군다나 첫 성병 진단 직전에 유산을 겪었고, 두 번째 진단 직후 어렵게 아들을 임신하게 되었던 터라 남편에 대한 배신감은 더욱 컸습니다.

B씨는 해외에 거주하는 동안 생활비도 제대로 보내주지 않았습니다. A씨는 홀로 어린 아들을 키우며 직장 생활까지 병행하는 고단한 삶을 견뎌야 했습니다. 그런 상황에서도 B씨는 업무와 상관없는 지인들과의 골프 여행이나 동창회 모임을 이유로 동남아시아를 여러 차례 다녀오기까지 했습니다. 이를 알게 된 A씨는 서운함을 넘어 절망감까지 느끼게 되었습니다.

결국 A씨는 견디다 못해 남편에게 여러 번 가정을 위한 최소한의 책임을 요구했지만, B씨의 태도에는 아무런 변화가 없었습니다. 2020년 여름, A씨는 아들과 함께 집을 나와 별거를 시작하게 되었습니다. 별거한 지 6개월 뒤, 잠시 한국에 돌아온 B씨는 빈집을 보고 놀라 A씨에게 자초지종을 묻고 진심 어린 사과를 했지만, 이미 마음이 돌아선 A씨는 냉담히 대했습니다.

A씨는 결국 이혼 소송을 제기했습니다. 하지만 1심 법원은 남편 B씨가 나름대로 혼인 관계 유지에 대한 노력과 의지를 보였다는 이유로 이혼 청구를 기각했습니다. 심지어 재판부는 A씨가 자신의 감정을 충분히 표현하지 않아 남편이 상황의 심각성을 인지하지 못한 것으로 보인다는 의견까지 제시했습니다.

A씨는 그간의 고통과 앞으로의 미래가 일순간 짓밟힌 것만 같은 느낌이 들었습니다. 처음부터 협의 이혼을 했어야 했던 것인지, 1심 판결이 내려진 지금 어떻게 대처해야 할지 막막해진 A씨는 전문 변호사를 찾아 상담을 받기로 결심했습니다.

"변호사님, 처음부터 협의 이혼을 했어야 했던 걸까요?
1심 판결 이후 제가 할 수 있는 일이 있을까요?"

체크리스트

혼인 및 이혼 관계

- ✓ 2005년 혼인, 현재까지 법적으로 부부 관계 유지
- ✓ 슬하 아들 1명(2013년생, 미성년자)
- ✓ 별거 시작 시점: 2020년 8월, 아들과 함께 집을 나와 별거 중
- ✓ 별거 사유: 남편의 장기간 해외 체류, 생활비 미지급, 외도 의심

현재 상황

- ✓ 1심에서 남편의 노력 인정으로 인해 이혼 청구가 기각됨
- ✓ 혼인 파탄 및 별거에 대한 명확한 증거 확보와 2심 전략 마련 필요

의뢰인의 문의 사항

- ✓ 협의 이혼의 절차와 요건은 어떻게 되나요?
- ✓ 협의 이혼이 되지 않을 때, 재판상 인정되는 이혼 사유는 어떤 것이 있나요?

박상롱 변호사의 솔루션

Q1 협의 이혼의 절차와 요건은 어떻게 되나요?

A1 우리나라의 법은 부부가 협의에 의하여 이혼할 수 있다고 규정하여, 협의 이혼을 인정하고 있습니다(민법 제834조). 실무적으로 전체 이혼 사건의 약 80% 정도는 협의 이혼으로 이루어지고 있습니다. 협의 이혼이 되기 위해서는 이혼 의사가 합치되어야 하고, 가정법원의 협의 이혼 의사 확인을 받아 이혼 신고를 하여야 합니다(민법 제836조 제1항, 가족관계의 등록에 관한 법률 제75조 제1항).

2007년 민법 개정 전에는 협의 이혼 의사 확인을 신청하면 바로 이혼 의사 확인을 받을 수 있었습니다. 하지만 순간적인 감정으로 신중하지 못한 이혼이 될 수 있다는 우려로 인해, 2007년 이후에는 협의 이혼을 하려는 자는 가정법원이 제공하는 이혼에 관한 안내(전문상담인의 상담 권고 가능)를 받아야 하고, 안내를 받은 날부터 양육하여야 할 자가 있는 경우에는 3개월, 그렇지 아니한 경우에는 1개월이 경과하여야 이혼 의사 확인을 받을 수 있게 되었습니다(민법 제836조의2). 이것이 흔히들 '**이혼숙려기간**'이라고 말하는 것인데, 당사자의 신중한 판단을 돕기 위한 취지이나, 가정폭력으로 인하여 참을 수 없는 고통이 예상되는 등의 급박한 사정이 있는 경우에는 숙려기간이 단축되거나 면제될 수도 있습니다.

그 외 아이가 있는 경우에는 **양육에 관한 사항**(양육자, 양육비용, 면접교섭)도 반드시 정해야 하며, 협의가 이루어지지 않거나 아이의 복리를 위해 필요한 경우 가정법원에서 직권으로 아이의 의사, 나이, 부모의 재산 상황, 그 밖의 사정을 종합적으로 고려하여 양육에 관한 사항을 정합니다(민법 제837조, 제837조의2).

Q2 협의 이혼이 되지 않을 때, 재판상 인정되는 이혼 사유는 어떤 것이 있나요?

A2 우리 법에서는 가정법원에 **이혼을 청구할 수 있는 사유**를 아래와 같이 규정하고 있습니다(민법 제840조).
1. 배우자에 부정한 행위가 있었을 때
2. 배우자가 악의로 다른 일방을 유기한 때
3. 배우자 또는 그 직계존속으로부터 심히 부당한 대우를 받았을 때
4. 자기의 직계존속이 배우자로부터 심히 부당한 대우를 받았을 때

5. 배우자의 생사가 3년 이상 분명하지 아니한 때
6. 기타 혼인을 계속하기 어려운 중대한 사유가 있을 때

이때, 민법 제840조 제6호에서 정한 이혼 사유인 '**기타 혼인을 계속하기 어려운 중대한 사유가 있을 때**'란 부부간의 애정과 신뢰가 바탕이 되어야 할 혼인의 본질에 상응하는 부부 공동의 생활 관계가 회복할 수 없을 정도로 파탄되고, 혼인 생활의 계속을 강제하는 것이 일방 배우자에게 참을 수 없는 고통이 되는 경우를 의미합니다. 그래서 혼인 계속 의사의 유무, 파탄의 원인에 관한 당사자의 책임 유무, 혼인 생활의 기간, 자녀의 유무, 당사자의 연령, 이혼 후의 생활 보장 등 혼인 관계에 관한 여러 사정을 두루 고려하여야 하고, 이러한 사정을 고려하여 부부의 혼인 관계가 돌이킬 수 없을 정도로 파탄되었다고 인정된다면 파탄의 원인에 대한 원고의 책임이 피고의 책임보다 더 무겁다고 인정되지 않는 한 이혼 청구를 받아들여야 합니다(대법원 1991. 7. 9. 선고 90므1067 판결, 대법원 2021. 8. 19. 선고 2021므12108 판결 등).

한편, **부부의 동거·부양 및 협조 의무**는 부부 관계가 정신적·육체적·경제적 협동체라는 점에서 나오는 본질적인 의무입니다. 또한 부모가 자녀에 대하여 가지는 양육을 포함한 친권은 부모

의 권리이자 의무이므로, **부부가 자녀를 갖게 되면 함께 자녀를 보호하고 교양할 의무**가 있습니다(민법 제913조). 따라서 부부 중 어느 일방이 자녀에 대한 양육 의무를 소홀히 함으로써 다른 일방이 전적으로 자녀를 양육하는 것은 혼인 생활에서의 양성 평등의 원칙 및 자녀의 복리의 관점에서 허용될 수 없는 것입니다(대법원 2022. 5. 26. 선고 2021므15480 판결).

위와 같은 판단 기준에 비추어 A씨의 사례를 살펴보면, A씨는 항소심에서 B씨의 책임 있는 사유로 인하여 애정과 신뢰가 상실되어 혼인 관계가 회복할 수 없을 정도로 파탄되었다고 볼 여지를 다음과 같이 충분히 주장하고 입증할 필요가 있습니다.

1) A씨는 B씨로부터 성병이 전염된 것으로 의심하였는데, 당시 A씨의 건강 및 가정 상황, B씨의 해외 체류 상황에 비추어 보면, 이것이 사실이라면 원고와 피고의 혼인 관계의 바탕이 되는 신뢰가 훼손될 수 있는 사정에 해당합니다.
2) B씨는 해외 사업을 추진하기 전부터 잦은 출국으로 해외에 체류한 기간이 길었고, 심지어 추진하던 사업을 접고 다시 회사에 입사한 이후로도 지속되었는데, A씨는 해외 사업에 관한 구체적인 내용을 제대로 설명 듣지 못하였을 뿐 아니라 B씨는 사적인 목적으로도 종종 장기간에 걸쳐 해외에 체류

하였습니다.

3) 심지어 B씨가 A씨에게 생활비를 제대로 지급하지 않고 가정을 소홀히 한 탓으로 A씨는 홀로 생활비를 책임지면서 육아와 가사 및 직장 생활을 할 수밖에 없었던 반면, B씨는 가정에 대한 경제적인 지원이나 양육 등의 공동책임에서 완전히 벗어나 있었기도 합니다.

이러한 사정을 중심으로 **B씨의 행태로 인해 B씨에 대한 신뢰가 무너졌음을** 적극적으로 어필할 필요가 있습니다.

> 실무 Tip
>
> **1심에서 이혼 청구가 기각된 경우**
>
> 1심에서 이혼을 구하는 청구에 대한 기각 판결이 나온 경우라면 1심에서 제출하지 못한 구체적인 별거 기간과 혼인 파탄의 명백한 증거를 강조하고, 때로는 원고 스스로에게도 불리한 이야기라 하더라도 이혼을 할 수밖에 없는 중대한 사유라고 한다면 1심에서 하지 못했던 이야기까지 모두 살펴서 배수진을 치는 마음으로 항소심을 준비할 필요가 있습니다.

가사·상속 전문 변호사 상담일지 #02

유책 배우자도 이혼 청구가 가능한가요?

법무법인(유) 로고스 가사/상속팀 박상홍 변호사

"유책 배우자도 이혼 청구를 할 수 있나요?
유책 배우자의 이혼 청구에서 상대방이 이혼을 원치
않는다고 하면서도 실제로 다시 부부 관계를 되돌리기 위한
노력을 기울이고 있지는 않을 때에는 어떻게 되나요?"

2008년 늦가을, 차가운 바람이 불던 어느 날 증권사 트레이딩 룸에서 A씨는 새로 들어온 인턴 B씨를 처음 마주했습니다. 열정 가득한 눈빛으로 업무를 배우는 B씨의 모습에 A씨는 자신도 모르게 시선이 자주 머물렀고, 봄이 오기 전 둘은 연인이 되어 있었습니다. 하지만 그들의 사랑이 꽃피우기도 전인 2009년

3월, 예상치 못한 임신 소식이 들려왔습니다.

뜻밖의 임신으로 A씨와 B씨는 이듬해 봄에 급히 혼인신고를 하고, 결혼식을 올렸습니다. B씨는 임신과 함께 일을 그만두고 가정에 전념했고, A씨는 더 큰 책임감을 안고 직장 생활에 매진하였습니다.

그러나 결혼 초반부터 두 사람의 관계는 삐걱거렸고, 점차 갈등이 심화되었습니다. 급기야 2013년에는 평화로워 보였던 부부의 일상에 금이 가기 시작했습니다. B씨의 통화를 우연히 듣게 된 A씨가 상견례 과정에서 B씨가 부모님의 이혼 사실을 숨기고, 어머니와 동거하던 남자를 친부로 소개했다는 사실을 알게 된 것이었습니다. A씨의 부모님은 B씨를 추궁하며 사실을 말하라고 다그쳤고, 이것이 계기가 되어 부부는 크게 다투게 되었습니다. 그러다가 감정의 골이 깊어지면서 A씨가 이혼을 요구할 정도로 상황이 악화되었는데, 당시 B씨 어머니께서 직접 사돈댁을 찾아가 사과를 올리기도 하며 갈등이 일단락되는 듯하였습니다.

그러나 한 번 균열이 생긴 부부간의 사이는 좀처럼 봉합될 기미가 보이지 않았습니다. 시간이 흐를수록 A씨는 점점 야근과 회식을 핑계로 집을 멀리했고, 돈을 버느라 힘들다는 둥 변명하며 집에 돌아와서도 집안일과 아이를 키우는 일에 무관심해졌습니다. B씨는 혼자서 모든 것을 도맡아 해결하다보니 너무 힘들었지만 꾹 참고 A씨의 눈치를 살피며 조심스럽게 하루하루를 버텨냈습니다.

그러던 중 2017년 봄, 명절 모임에서 B씨 집안에 대한 이야기가 다시 한번 불거지며 A씨는 분노를 터뜨렸습니다. "더 이상은 못 참겠어. 당신 집안 때문에 내가 얼마나 창피한 줄 알아?" 상처뿐인 말을 남기며 A씨는 봄바람이 다 가기도 전인 5월 말, 짐을 싸서 집을 나갔습니다. A씨는 자신이 느낀 모멸감을 생각하면 당연히 이길 것이라고 생각하며, B씨를 상대로 이혼 및 위자료의 지급을 구하는 소를 제기하였습니다.

하지만 이혼 소송에 대한 법원의 판결은 A씨의 생각과 달랐습니다. 법원에서는 '원고가 주장하는 피고의 귀책사유로 혼인 관계가 파탄되었다고 볼 수 없고, 오히려 원고에게 혼인 관계 파탄에 대한 더 큰 책임이 있다'는 이유로 A씨를 유책 배우자로 단정 짓는 듯한 문구를 남기며 A씨의 이혼 청구를 기각한 것입니다. A씨는 자신이 유책 배우자라는 판단에 황당함을 감출 수 없었지만 소송이 진행되는 동안 지쳐있었기 때문에 항소는 하지 않았습니다. 그리고 B씨 또한 이혼에 반대하는 의사를 밝히며, 반소를 제기하지 않았기 때문에 위 판결은 확정되어 소송이 마무리되었습니다.

 이혼 소송은 끝났지만 두 사람의 별거 상태는 지속되었습니다. 하지만, A씨가 딸에게 직접 연락하려 하면 B씨는 반드시 자신을 통해야 한다며 차단했고, 아파트 잠금장치를 바꾸고는 A씨에게 열쇠를 주지 않았으며, 집으로 돌아오려면 A씨가 그간의 일에 대해 사과하는 각서를 써야 한다고 주장했습니다.

 이로 인해 부부 관계는 더욱 악화되었고, 결국 A씨는 2019년 다시 한번 이혼 소송을 제기하게 되었습니다. 이번에도 B씨는 이혼 청구의 기각을 구하며, 이전 판결에서 A씨가 유책 배우자로 인정되기까지 하였다며 맞서고 있습니다. A씨는 답답한 마음에 전문가의 상담을 받기 위해 변호사를 찾게 되었습니다.

> "변호사님, 이런 상황에서
> 제가 이혼을 성사시킬 수 있을까요?"

체크리스트

혼인 및 별거 관계

- ✓ 2009년 급히 결혼, 2017년부터 별거 지속
- ✓ 슬하 자녀 1명(미성년자), 현재 B씨가 단독 양육 중
- ✓ 1차 이혼 소송에서 A씨가 유책 배우자로 판결 받아 이혼 기각됨

현재 상황

- ✓ 2차 이혼 소송 제기, B씨는 이혼을 반대하나 관계 회복의 노력은 없음
- ✓ 유책 배우자 A씨의 이혼 청구 가능성 및 법적 전략 검토 필요

의뢰인의 문의 사항

- ✓ 유책 배우자도 이혼 청구를 할 수 있나요?
- ✓ 유책 배우자의 이혼 청구에서 상대방이 이혼을 원치 않는다고 하면서 실제로는 다시 부부 관계를 되돌리기 위한 노력도 하지 않을 때에는 어떻게 되나요?

박상롱 변호사의 솔루션

Q1 유책 배우자도 이혼 청구를 할 수 있나요?

A1 유책 배우자의 이혼 청구는 **원칙적으로 불허되고, 예외적으로만 허용된다**는 것이 법원의 일관된 판단 기준입니다. 즉, 재판상 이혼 사유에 관한 민법 제840조는 원칙적으로 유책주의를 채택하고 있는 것으로 해석되므로, 민법 제840조 제6호의 '기타 혼인을 계속하기 어려운 중대한 사유가 있을 때'라는 이혼 사유에 관하여도 혼인 생활의 파탄에 주된 책임이 있는 배우자는 그 파탄을 사유로 하여 이혼을 청구할 수 없는 것이 원칙입니다.

그러나 이혼 청구 배우자의 유책성을 상쇄할 정도로 상대방 배우자 및 자녀에 대한 보호와 배려가 이루어진 경우, 세월의 경과에 따라 파탄 당시 현저하였던 유책 배우자의 유책성과 상대방 배우자가 받은 정신적 고통이 약화되어 쌍방의 책임의 경중을 엄밀히 따지는 것이 더 이상 무의미할 정도가 된 경우 등 **혼인 파탄의 책임이 반드시 이혼 청구를 배척해야 할 정도로 남아 있지 않은 경우** 그러한 배우자의 이혼 청구는 예외적으로 허용될 수 있습니다.

따라서 **A씨의 경우 기존 판결에서 자신이 유책 배우자로 판단된 지점을 충분히 설득력 있게 반박할 필요**가 있습니다. 설령 A씨가 다시금 유책 배우자로 판단된다고 하더라도, 유책 배우자의 책임의 태양·정도, 상대방 배우자의 혼인 계속 의사 및 유책 배우자에 대한 감정, 당사자의 나이, 혼인 기간과 혼인 후의 구체적인 생활 관계, 별거 기간, 별거 후에 형성된 부부의 생활 관계, 혼인 생활의 파탄 후 여러 사정의 변경 여부, 이혼이 인정될 경우 상대방 배우자의 정신적·사회적·경제적 상태와 생활보장의 정도, 미성년 자녀의 양육·교육·복지의 상황, 그 밖의 혼인 관계의 여러 측면에서 **A씨로 인한 혼인 파탄의 책임이 그다지 남아 있지 않다는 것을 설득할 필요**가 있습니다(대법원 2015. 9. 15. 선고 2013므568 전원합의체 판결 참조).

한편, 만일 이혼을 원하지 않는 B씨의 입장에서 이 사건을 변론할 경우 자신이 경제적·사회적으로 매우 취약한 지위에 있어 보호의 필요성이 크다거나, 이혼 거절 의사가 이혼 후 본인 및 미성년 자녀의 정신적·사회적·경제적 상태와 생활 보장에 대한 우려에서 기인한 것으로서, 미성년자인 자녀의 경우에는 혼인의 유지가 경제적·정서적으로 안정적인 양육 환경을 조성하여 자녀의 복리에 긍정적 영향을 미칠 측면 등에 초점을 맞추어, **혼인 관계를 유지한다는 입장이 오기나 보복적 감정에 기한 것이 아**

니라는 점을 주장할 필요가 있겠습니다.

Q2 유책 배우자의 이혼 청구에서 상대방이 이혼을 원치 않는다고 하면서 실제로는 다시 부부 관계를 되돌리기 위한 노력도 하지 않을 때에는 어떻게 되나요?

A2 우선 **이혼 소송에서 상대방 배우자가 이혼을 원하지 않는다고 답변할 경우,** 상대방 배우자의 혼인 계속 의사를 인정하려면 소송 과정에서 그 배우자가 표명하는 주관적 의사만을 가지고 판단할 것이 아니라, 혼인 생활의 전 과정 및 이혼 소송이 진행되는 중 드러난 **상대방 배우자의 언행 및 태도를 종합하여 그 배우자가 악화된 혼인 관계를 회복하여 원만한 공동생활을 영위하려는 노력을 기울임으로써 혼인 유지에 협조할 의무를 이행할 의사가 있는지** 객관적으로 판단하여야 한다는 것이 일관된 판단 기준이 됩니다(대법원 2022. 6. 16. 선고 2021므14258 판결).

따라서 일방 배우자의 성격적 결함이나 언행으로 인하여 혼인 관계가 악화된 경우에도, 상대방 배우자 또한 원만한 혼인 관계로의 복원을 위하여 협조하지 않은 채 오로지 일방 배우자에게만 혼인 관계 악화에 대한 잘못이 있다고 비난하고 대화와 소통을 거부하는 경우, 이혼 소송 중 가정법원이 권유하는 부부 상담 등 혼인 관계의 회복을 위하여 실시하는 조정조치에 정당한 이유 없이 불응하면서 무관심한 태도로 일관하는 경우에는 혼인 유지를 위한 최소한의 노력조차 기울이지 않았다고 볼 여지가 있어, 설령 그 배우자가 혼인 계속 의사를 표명하더라도 재판부에서 이를 인정함에 있어 신중히 판단하고 있습니다.

특히, **과거에 A씨가 청구한 이혼 청구가 기각되었더라도**, 그 후로 B씨 역시 혼인 관계의 회복을 위한 노력을 다하지 않았음으로 혼인 관계가 회복될 가능성이 없는 반면 B씨 및 딸에 대한 보호와 배려가 충분히 이루어짐으로써 **유책 배우자의 유책성이 희석되었다고 볼 수 있는지**, A씨와 B씨의 분쟁 상황을 고려할 때 그 **혼인 관계의 유지가 미성년자인 자녀의 정서적 상태와 복리를 오히려 저해하고 있는 것은 아닌지**에 대하여 구체적인 입장을 진술한다면, 과거 유책 배우자로 판단받은 A씨의 이혼 청구가 허용되는 특별한 사정이 인정될 수 있습니다.

> **실무 Tip**
>
> **유책 배우자의 이혼 청구**
>
> 유책 배우자라 하더라도 장기간 별거 상태가 지속되고, 상대방이 혼인 관계 회복을 위한 진정한 노력을 하지 않는다면 이혼 청구가 받아들여질 가능성이 있습니다. 따라서 장기간 별거의 지속성, 상대방의 회복 노력 부재 등 구체적 상황에 대한 증거 확보가 중요합니다.

가사·상속 전문 변호사 상담일지 #03

이혼 소송에서
수집해 둔 증거가 없을 경우의 전략은?

법무법인(유) 로고스 가사/상속팀 최가경 변호사

"소송을 시작했는데 수집해 둔 증거가 없어서 난감합니다. 이제라도 유리한 증거를 만들어 볼까 합니다."

A씨의 삶은 결혼의 시작과 함께 지옥 같았습니다. 남편 B씨와의 생활은 신혼 첫날부터 욕설과 폭언으로 얼룩졌습니다. 처음엔 충격과 믿음 사이에서 갈등하던 A씨도 점차 상황이 심각해짐을 깨닫기 시작했습니다.

B씨의 욕설과 폭행이 점점 더 심해지던 어느 날, B씨의 폭력으로 A씨는 골절상을 입게 되었습니다. 마음의 큰 상처를 입은

PART 1   이혼/친자 상담일지

A씨는 결국 이혼을 결심했습니다. 그러나 이혼 소송을 준비하면서 A씨는 자신이 그간 당한 피해에 대한 증거를 전혀 준비하지 않았다는 사실을 깨달았습니다. 아이를 위해 버티자는 생각으로 이혼도 참아왔기 때문입니다.

A씨는 지금이라도 할 수 있는 모든 증거를 확보하고자 했습니다. A씨는 B씨와의 다툼이 있을 때마다 몰래 녹취하였고, 아이와의 대화를 아이 몰래 녹음하면서 아빠가 엄마를 폭행했다는 발언 등을 녹취했습니다. 이 녹음에서 아이는 엄마의 편을 들었습니다. "엄마가 나를 항상 돌봐. 아빠는 너무 자주 화를 내고 엄마와 나를 때리기도 해!" 아이의 목소리가 녹음기에 담겼습니다.

그러나 이 증거를 법정에 제출하자, 판사는 A씨의 행동을 지적했습니다. "이러한 증거 제출이 아이에게 얼마나 큰 부담을 주는지 생각해 보셨나요? 이혼 소송은 어른들의 문제이지만, 아이를 보호하는 것이 우선이 되어야 합니다."라는 판사의 말은 A씨에게 큰 충격을 주었습니다.

이후 A씨는 다른 법무법인을 찾아갔고, 그곳에서는 아이와의 대화를 녹음했다는 것 자체가 부모도 모르게 아이의 정서적 안정을 해칠 수 있다고 상담해주며 소송의 방향을 전면 재조정하기 시작했습니다. "우리는 A씨의 상황을 십분 이해합니다만, 아이를 이혼 소송으로부터 보호했어야 합니다. 이제부터는 아이의 정서적 안정을 최우선으로 두고 소송을 진행합시다."라며 변호사는 이혼 소송으로부터 아이의 정서적 안정을 지키는 방향을 강조하며 소송을 진행했습니다.

체크리스트

혼인 및 갈등 상황

- ✓ A씨는 B씨와 혼인 후 신혼 초기부터 상습적인 욕설과 폭언에 시달림
- ✓ B씨의 폭행까지 이어져 골절상을 입고 이혼을 결심
- ✓ 이혼 소송 제기 시점까지 별도의 증거 확보 없이 진행

현재 상황

- ✓ 소송 직전 또는 중에 상대방과의 카톡 대화, 아이와의 대화 등을 급히 녹음
- ✓ 아이가 엄마의 폭력성을 언급한 녹음이 있었으나 법원은 아동 보호 차원에서 이를 문제 삼음
- ✓ 담당 변호사 조력하에 아이 관련 증거는 모두 배제하고, 기존 대화 중 증거로 유효한 부분만 제출하여 결과 도출

의뢰인의 문의 사항

- ✓ 수집한 증거가 전혀 없는데 어떻게 해야 하나요? 이제라도 만들어야 할까요?
- ✓ 아이와의 대화 녹음은 왜 제출하면 안 되나요?

최가경 변호사의 솔루션

Q1 소송을 시작했는데 수집해둔 증거가 전혀 없어요. 어떻게 해야 하나요? 이제라도 만들어야 할까요?

A1 소송 이전에 상대방과 했던 대화를 모두 재검토한 뒤 재판에 도움된다고 볼 만한 대화를 추가 증거로 제출해야 합니다. 소송을 시작했더라도 증거를 만들어 제출할 수는 있으나, 상대방도 녹음 등 증거 수집을 하고 있을 것이라는 것을 충분히 인지하고 있는 상태이기 때문에 증거 수집이 쉽지 않을 것입니다.

수집된 증거가 없더라도, 소송을 시작했으므로 이제라도 최선을 다해 진행해야 합니다. 소송 중 제출된 원고와 피고의 각 서면을 철저히 분석하고 양측의 서면에서 가장 중요한 주장을 추려내어야 합니다. 특히 상대방의 서면을 철저히 분석하고, 우리 측의 강점이자 상대방의 약점을 명확히 파악한 후 서면을 제출해야 합니다. 소송 이전에 대화들을 모두 재검토한 뒤 증거로 유력한 대화를 선별하여 추가로 제출해야 합니다. 특히 상대방의 주장을 반박할 수 있는 강력한 증거를 찾고자 노력해야 합니다.

A씨는 증거를 따로 만들어 두지 않았지만, 다행히 과거에 B씨

가 욕설을 먼저 하였다는 대화 내용이 카카오톡에 있었습니다. 또한 B씨의 마지막 폭행 다음날 A씨가 B씨의 심각한 폭행에 대해 항의하는 내용의 카카오톡 대화가 있었습니다. 이 대화들을 증거로 제시하여 양측 주장의 균형을 맞출 수 있었습니다.

또한 소송 중 가사조사가 시작되어 가사조사관이 부부 양측과 면담을 하고, 아이의 양육 환경을 살펴보았습니다. 당시 가사조사관은 아이와 직접 대화해보는 과정에서 평소 B씨가 아이 보는 앞에서 A씨를 구타하고 폭언을 행사했었던 사실이 아이를 통해 드러나기도 하였습니다.

Q2 아이와의 대화 녹음은 왜 제출하면 안 되나요?

A2 법원은 아이가 이혼 소송에 노출되지 않게 하여 이혼 소송 진행 과정에서의 정서적 악영향을 최소화하는 것을 가장 중시하는데, 아이와의 대화를 녹음한다는 행동 그 자체가 아이에게 정서적 악영향을 끼치는 행동이기 때문입니다.

대법원의 입장은 '미성년인 자녀의 성장과 복지에 가장 도움이 되고 적합한 방향'을 기준으로 재판을 진행하며, 이는 미성년 자녀의 양육자를 지정하는 기준이기도 합니다. 즉, 아이와의 대화를 녹음하는 경우, 녹음을 시작한 부모는 어쩔 수 없이 이혼 재판상 유불리에 대한 고려를 할 것이고, 아이에게 유도 질문을 할 가능성이 높아집니다. 그러한 녹음 중 아이의 정서에 악영향을 끼치게 된다는 점을 재판부는 크게 우려합니다. 나아가 유도 질문을 의심받으므로 증거로서도 신빙성을 의심받을 가능성이 높겠지요. 따라서 어떠한 경우든 아이와의 대화 녹음을 제출하는 것은 좋은 결정이 될 수 없다고 할 것입니다.

이러한 재판부의 입장을 알게 된 A씨는 담당 변호사와의 심도 깊은 논의를 거쳐 진심으로 반성하게 되었고, 아이의 이익을 최우선으로 고려하겠다는 반성의 마음을 서면으로 담아 제출하였습니다. 아이와의 대화를 몰래 녹취 시도하는 것이 아이에게 악영향을 미친다는 점도 깨달았다는 사실을 포함하여 작성하였습니다. 당연히 아이와 관련된 모든 증거를 재판 과정에서 배제했으며, 소송 이전에 대화하였던 내용을 모두 검토하고 유력한 증거를 수집하여 새로운 증거를 제출하였습니다. 다행히 소송은 A씨가 흡족할 만한 결과로 마무리되었습니다. 자칫 잘못 진행될 뻔한 소송을 바로잡았다고 여긴 A씨는 큰 안도의 한숨을 내쉬었습니다.

> 실무 Tip

증거가 부족할 경우의 소송 전략

이혼 소송을 시작했는데 증거가 부족하다면, 상대방이 낸 서면을 꼼꼼히 읽어보고 말이 안 되는 부분이나 앞뒤가 맞지 않는 점을 찾아내는 것이 중요합니다. 재판에서는 증거가 많다고 다 유리한 것이 아니라, 그 **증거가 얼마나 구체적이고 상황에 잘 들어맞느냐가 더 중요**하게 여겨집니다. 그래서 증거가 부족하더라도 작은 내용이라도 상황을 잘 설명하면서 신뢰 있게 풀어 내면 좋은 결과를 얻을 수 있습니다. 또 상대방의 말이 앞뒤가 다르거나 자주 바뀌는 부분이 있다면, 그걸 지적해서 재판부가 상대방 말을 믿기 어렵게 만드는 전략도 효과적입니다. 증거가 적더라도 그걸 잘 활용하는 방식이 소송에서 매우 중요합니다.

가사·상속 전문 변호사 상담일지 #04

이혼 소송이 시작되었지만 이혼하지 않을 수 있을까요?

법무법인(유) 로고스 가사/상속팀 최가경 변호사

"저는 정말 가족을 위해 헌신하며 살아왔습니다.
그런데 배우자가 갑자기 이혼 소송을 제기했습니다.
저는 이혼을 원하지 않는데, 소송이 시작되었지만
이혼하지 않을 수 있을까요?"

A씨는 배우자로부터 이혼 소송을 당한 후, 한동안 멍한 상태에서 벗어나지 못했습니다. 25년을 함께 살아온 배우자가, 어느 날 갑자기 서로 성격이 맞지 않는다는 이유로 A씨와 이혼을 원한다며 소송을 제기한 것입니다. "도대체 어디서부터 잘못된 걸까요?"

사실 A씨는 누구보다 가정을 위해 헌신해 온 사람이었습니다. 남편은 간 건강이 좋지 않았고, 두 자녀 역시 체질을 그대로 물려받았습니다. A씨는 식재료 하나하나에 신경을 쓰고, 가족들의 건강을 위해 직접 지방을 찾아가 식재료를 구매하기도 했습니다. 먼 거리까지 버스를 타고 내려가 간에 좋다는 식품을 대량 구매해 반찬을 정성껏 만들어 두었습니다. 어느 겨울날, 손수 장을 본 후 돌아오던 길에 무거운 봉투가 버스에서 찢어져 내용물이 바닥에 흩어졌던 적도 있었습니다. 낯선 승객들이 도와주었지만, 눈물이 쏟아질 것만 같았습니다. "이게 다 가족들 건강을 위한 일인데, 왜 이렇게 힘들기만 할까…"

남편이 퇴근했을 때 깔끔한 집상태로 유지하는 것, 아이들 학원 데려다주는 시간에 맞춰 자신의 하루를 조율하는 것, 명절마다 본가는 못 가도 시댁은 반드시 방문했던 것 등 누구보다도 꿋꿋하게 살아온 A씨의 25년이었습니다. 그런데 남편이 "우리는 성격이 맞지 않는다"며 갑작스럽게 이혼을 요구한 것입니다. A씨는 도무지 받아들일 수 없었습니다. "이혼이라니요? 제가 이 가정을 위해 쏟은 모든 시간과 정성은 아무 의미가 없었다는 건가요? 남편이 힘들어 할 때도, 아이들 병원 입원으로 날을 샜던 순간에도, 언제나 저는 가족의 중심에서 그들을 지켜왔는데요."

소장이 접수되고, 법원으로부터 서류가 도착한 그 순간부터 A씨는 밤잠을 이루지 못했습니다. "소송이 시작된 이상, 저는 무조건 이혼을 해야만 하는 건가요?" A씨는 그 질문에 대한 답을 얻기 위해, 간절한 마음으로 법률 상담을 받기로 결심하고 법무법인을 찾았습니다.

체크리스트

혼인 및 이혼 관계

- ✓ A씨는 25년간 가족을 위해 헌신했으며, 배우자의 건강과 자녀의 체질을 고려해 적극적인 가사노동을 수행함
- ✓ 그럼에도 배우자가 갑자기 이혼 소송을 제기함
- ✓ A씨는 이혼을 원하지 않고, 가정을 유지하고자 함

현재 상황

- ✓ 이혼 사유가 명확하지 않으며, 단순 감정적 판단일 가능성이 큼
- ✓ 배우자의 감정을 자극하지 않고, 신뢰 회복 가능성을 중심으로 소송 전략

의뢰인의 문의 사항

- ✓ 배우자가 이혼 소송을 제기했을 때, 법원에서 이혼을 기각할 가능성이 있나요?

최가경 변호사의 솔루션

Q 배우자가 이혼 소송을 제기했을 때, 법원에서 이혼을 기각할 가능성이 있나요?

A 이혼 소송이 제기되었다고 해서 반드시 이혼이 성립되는 것은 아닙니다. 법원은 혼인의 실질적 파탄 여부를 신중하게 판단하며, 부부의 신뢰 관계가 완전히 단절되지 않았다면 이혼을 기각할 수 있습니다.

이번 사건에서 배우자가 갑자기 이혼을 요구한 이유는 혼인 관계의 심각한 파탄 때문이 아니라, 감정적인 판단일 가능성이 컸습니다. 혼인 파탄 사유가 명확하지 않은 경우, 법원은 쉽게 이혼을 허가하지 않습니다. 배우자의 폭력, 부정행위, 중대한 배신 등의 사유가 없다면, 법원은 혼인을 지속할 가능성을 고려하게 됩니다. 특히 한쪽 배우자가 이혼을 원하지 않고 가정을 유지하려는 의지가 뚜렷하다면, 법원은 더욱 신중하게 판단합니다. 부부간 신뢰 관계 유지 가능성이 있다면, 이혼이 되지 않을 수도 있습니다. A씨는 배우자와 아이들을 위해 헌신해 왔고, 이는 부부 사이의 신뢰를 증명할 수 있는 중요한 요소가 될 수 있었습니다. 부부가 함께했던 생활의 흔적, 가정을 지키기 위해 노력했던 정황 등이 법적 판단에 영향을 줄 수 있습니다.

이혼은 감정적인 결정이 아니라, 법적인 판단으로 이루어집니다. 배우자가 감정적으로 이혼을 요구하는 경우라도, 법원은 신중한 검토를 통해 혼인 관계가 완전히 파탄되었는지를 살펴봅니다. 즉, 배우자가 순간적인 감정으로 이혼을 요구하는지, 아니면 지속적인 갈등으로 인해 더 이상 혼인 관계를 유지할 수 없는지를 판단합니다.

A씨의 경우, 가정을 유지하려는 노력과 부부간 신뢰 관계를 회복할 가능성이 존재하는 점이 중요했습니다. A씨의 배우자는 최근 건강 문제로 인해 스트레스가 컸고, 순간적인 감정으로 이혼을 요구했을 가능성이 있었습니다. 상대방이 이혼을 요구하는 이유가 단순한 오해나 일시적인 감정 때문이라면, 이를 풀어나갈 방법을 찾는 것이 중요합니다. 이혼을 원하는 배우자의 마음을 돌리기 위해서는 법적 논리뿐만 아니라 심리적인 접근도 필요합니다.

A씨의 경우, 담당 변호사는 감정적 대립을 피하고, 부부간 신뢰를 회복할 수 있는 정황을 강조하는 방식으로 접근했고, 진심이 담긴 서면 제출이 큰 역할을 했습니다. 이혼 조정 기일 전에 제

출한 서면에서 A씨가 가정을 위해 얼마나 헌신해왔는지, 배우자와 아이들을 위해 어떤 노력을 해왔는지를 강조했습니다. 이를 통해 배우자가 감정적으로 내린 결정을 다시 생각해볼 수 있도록 유도했습니다. 이혼을 요구하는 배우자의 마음을 급하게 돌리려 하기보다 법적 절차를 통해 차분하게 접근하는 것이 효과적입니다. 결국 상대방은 감정이 가라앉고 나서 조정 신청을 취하했습니다.

이혼 소송이 제기되었어도 법원은 혼인의 파탄이 명백한 경우에만 이혼을 허용합니다. 만약 일시적인 갈등이나 오해라면 이혼이 기각될 가능성이 있습니다. 또한, 부부가 함께 노력해온 흔적이 있는 경우에는 이를 강조하는 것이 중요합니다. 사진, 문자, 가족 행사 참여 기록 등은 유력한 증거가 될 수 있습니다. 상대방이 감정적으로 격해진 상황에서 무리하게 법적 공방을 벌이기보다는 상대방의 입장을 고려하며 해결 방법을 찾는 것이 효과적입니다. 따라서 감정을 자극하는 주장보다는 사실을 기반으로 한 차분한 서면이 더 강한 설득력을 가질 수 있습니다.

이번 사건과 같이 혼인의 파탄 여부가 명확하지 않을 때에는 신중한 법적·사실적 대응을 통해 이혼을 막을 수 있습니다. A씨는 법적 조언을 통해 자신의 진심을 효과적으로 전달하는 방법을 알게 되었으며, 배우자의 조정 신청 취하라는 결과를 얻을 수 있었습니다.

> **실무 Tip**
>
> **이혼을 막고 싶다면 판사보다도 상대방을 설득해야**
>
> 이혼 소송이 제기되었다고 해서 무조건 이혼이 되는 것은 아닙니다. 판사는 혼인의 실질적 파탄 여부를 판단해 이혼을 인용할지 결정하지만, 소를 제기한 측이 이혼을 원하지 않아 소를 취하하면 재판은 즉시 종료됩니다. 이처럼 소송을 제기한 사람의 혼인 지속 의사가 가장 결정적인 변수이므로, 혼인을 유지하고 싶다면 법적 논리만큼이나 상대방의 감정을 돌려 세우는 일이 중요합니다. 조정기일이나 변론기일 전 서면에서 혼인을 유지하려는 의지와 헌신의 흔적, 가족에 대한 배려, 자신 행동에 대한 반성 등을 진심을 담아 전달한다면 상대방의 감정을 누그러뜨릴 가능성도 존재합니다. 즉, 이혼을 막기 위해서는 법원을 향한 논리적 주장만이 아니라 상대방을 향한 정서적 설득이 핵심 전략이 될 수 있습니다.

> 실무 Tip

법원의 조정조치명령 제도-부부상담·가족상담

이혼 소송 중인 부부가 격앙된 감정 속에서 소송을 진행하다 보면, 이혼이라는 결론이 너무 빠르게, 때로는 후회로 남을 정도로 성급하게 내려지는 경우가 있습니다. 이를 방지하기 위해 가정법원에서는 '조정조치명령' 제도를 운용하고 있습니다.

가정법원은 이혼 소송이 제기되면, 사건의 특성과 당사자들의 사정을 고려하여 **부부상담이나 가족상담을 먼저 받도록 조정조치명령**할 수 있습니다. 이때 상담은 법원이 위탁한 전문 상담사가 수행하며, 통상 수차례에서 많게는 10회 이상 상담이 진행되기도 합니다.

이 제도는 단순한 민사 분쟁과 달리 가족의 해체가 아니라 회복 가능성까지 함께 고민해야 하는 '가사사건의 특수성'을 반영한 것입니다. 실제로 상담을 통해 상대방의 입장을 이해하게 되면서, 이혼의 필요성 자체에 대해 다시 생각하게 되는 사례도 적지 않습니다.

조정조치 명령이 내려졌다면, 단순한 형식 절차로 여기지 마시고 상담에 진지하게 임해보시기를 권해드립니다. 때로는 이 상담이, 이혼하지 않아도 되는 방향으로 나아가는 첫걸음이 되기도 합니다. 이혼 소송 중인 당사자가 상담을 희망하면 법원에 조정조치를 신청할 수 있으며, 법원은 사건의 경위와 당사자 사정을 고려해 상담 명령을 내릴 수 있습니다.

가사·상속 전문 변호사 상담일지 #05

이혼 후에도
혼인 관계의 무효 확인을 구할 수 있나요?

법무법인(유) 로고스 가사/상속팀 박상홍 변호사

"변호사님, 혼인 관계가 이미 이혼으로 끝났어도, 혼인신고 자체를 무효로 되돌릴 수는 없나요?"

A씨가 대학원을 졸업하고 사회생활을 시작할 무렵, 집안에서는 하루가 멀다 하고 결혼을 언제 할 것이냐는 압박이 심해졌습니다. A씨는 가족의 권유로 떠밀리듯 몇 번의 선 자리에 나가게 되었고, 그 과정에서 B씨를 만났습니다. 크게 호감은 가지 않았지만, 서로 사는 곳과 근무지가 가까워 자연스럽게 두 달 정도 교제를 이어가게 되었습니다. A씨의 어머니는 이때를 놓치면 결혼하기 어렵다며 서둘러 결혼을 추진했습니다.

하지만, 양가 상견례부터 식장 예약 등 결혼식을 준비하는 과정에서 A씨와 B씨는 매일같이 다투었습니다. 신혼여행 이후에도 신혼집에서 아침을 먹는 일, 화장실 청소를 비롯한 사소한 일에서부터 사사건건 다툼이 생겼고 결국 결혼식 한 달 만에 성격 차이로 서로 각방을 사용할 정도가 되었습니다.

이런 결혼 생활이 과연 맞는 것일까 고민하던 A씨는 B씨에게 "이렇게 살 것이라면 우리 나중에 후회하지 않도록 서로의 미래를 축복하며 헤어지는 것이 어떠냐. 지금이라도 늦지 않았다"고 어렵게 말을 꺼냈습니다. 그러자 B씨는 "우리는 이미 결혼식을 한 상황인데 그렇게 말하면 어떡하냐"며 핀잔을 주며 말을 이어가다가, 사실 며칠 전 B씨가 식장 계약할 때 받아서 보관하고 있던 A씨의 도장을 가지고 이미 구청에서 혼인신고를 했다고 말했습니다.

A씨는 이게 무슨 뚱딴지같은 상황이냐고 크게 화를 내고 신혼집을 나와 친정으로 향했습니다. 사정을 들은 A씨의 어머니는 그래도 결혼식은 한 것이니 B씨와 잘 지내보는 것이 어떻겠냐며 A씨를 달래었습니다. 게다가 어머니와 대화를 마치고 집으로 오던 중 A씨는 갑자기 헛구역질을 하게 되었는데, 입덧이

아닐까 생각되기도 했습니다. 결국 A씨는 결혼식을 하고 나서 얼마 지나지 않아 갑자기 관계를 정리하는 것도 남들 눈치가 보이는 일이었기 때문에 신혼집으로 돌아가게 되었습니다.

A씨가 임신한 사실을 알고 처음 몇 달간은 B씨가 A씨를 살갑게 잘 대하는 듯 했습니다. 그러다가 임신 5개월 차에 B씨가 다른 지방으로 인사 발령이 나면서 A씨와 B씨는 주말부부가 되었습니다. 이후 아이를 낳고서는 B씨가 점차 주말에 집에 오는 횟수마저 줄어들어 서로 한 달에 한두 번 겨우 얼굴을 마주할 정도였습니다.

그러던 중 A씨는 우연히 B씨의 휴대 전화를 보게 되었는데, A씨가 임신 중이던 시기부터 B씨가 다른 여자와 다정하게 찍은 데이트 사진을 여러 장 발견하였습니다. 성격 차이 부분은 고사하고서라도, 아이를 사실상 혼자서 낳고 기르며 온갖 고생을 해야 했던 세월이 주마등처럼 지나간 A씨는 B씨와의 사이에서 더 이상 남아있는 신뢰가 없다고 생각했습니다. 결국 A씨와 B씨는 크게 다투고, 아이를 낳고서 1년 반 만에 아이의 친권과 양육권을 A씨가 가지는 것으로 정리하며 협의 이혼을 하였습니다.

이혼 후 A씨는 세상에 하나뿐인 내 아이를 남부럽지 않게 키워야겠다는 생각으로 아르바이트와 온갖 궂은일을 하며 아이를 키웠습니다. 이 같은 A씨의 딱한 사정을 알게 된 친구가 「한부모가족지원법」에 따른 각종 복지 혜택과 지원 정책이 있는데 신청해 보는 것이 어떠냐고 알려주었습니다. 자세히 알아보니, 배우자와 이혼한 배우자로서 18세 미만의 자녀를 양육하고 있는 모자가족의 경우, 생계비, 아동교육지원비, 아동양육비를 복지급여로 지급받을 수 있었습니다. 그런데 이혼한 여성이 아닌 미혼모가 5세 이하의 아동을 양육하는 경우에는 추가적인 아동양육비와 건강관리 지원 등의 혜택을 받을 수 있는 것을 알게 되었습니다.

이를 보며 A씨는 '이혼녀라는 딱지가 붙게 된 것도 남편이 일방적으로 저지른 행동에 의한 것이었고, 나는 미혼모인 신분이나 다름없는데 이런 혜택을 못 받는 것은 불공평하다'는 생각이 들었습니다. 그래서 자신과 같은 상황에서도 미혼모에 대한 혜택까지 받을 수 있는 방법은 없는 것일지, 남편에 의한 일방적인 혼인신고를 되돌릴 수는 없는지에 대해 상담받게 되었습니다.

"변호사님, 이런 상황에서 혼인신고의 무효를 청구할 수 있을까요?"

체크리스트

혼인 및 이혼 관계

- ✓ 두 달 교제 후 결혼, 혼인신고는 B씨가 일방적으로 진행
- ✓ 슬하 자녀 1명(미성년자, A씨가 단독 양육 중)
- ✓ 결혼 직후 지속적인 불화, 출산 후 1년 반 만에 협의 이혼

현재 상황

- ✓ 전 남편 B씨의 일방적 혼인신고로 미혼모와 유사한 양육 상황 발생
- ✓ 「한부모가족지원법」에 따른 미혼모 혜택 가능성에 대한 법적 검토 필요

의뢰인의 문의 사항

- ✓ 혼인 관계가 이혼으로 해소된 이후에도 혼인 관계의 무효 확인을 구할 수 있나요?
- ✓ 혼인신고가 무효가 되는 사유는 어떤 것이 있나요?

박상홍 변호사의 솔루션

Q1 혼인 관계가 이혼으로 해소된 이후에도 혼인 관계의 무효 확인을 구할 수 있나요?

A1 혼인 관계가 이혼으로 해소되는 것과 무효를 확인받는 것은 그 효력의 범위에 있어 차이가 있습니다.

먼저 이혼으로 혼인 관계가 이미 해소되었다면 그 효과는 장래에만 미치게 됩니다. 즉, 기존의 혼인 관계는 과거의 유효한 법률관계가 되어 그로부터 친권, 상속, 재산분할 등 여러 가지 부수적인 법률 관계가 파생됩니다. 하지만, 무효인 혼인은 처음부터 혼인의 효력이 발생하지 않게 되어서 그러한 법률 관계가 파생될 여지가 없게 됩니다.

이처럼 이혼과 혼인의 무효는 효력의 차이가 있음에도 불구하고, 과거에는 혼인 관계가 이미 이혼 신고에 의하여 해소되었다면 그 혼인 관계의 무효 확인을 구하는 것은 과거의 법률 관계의 확인으로서 확인의 이익이 없어 부적법하다고 보아, 각하 판결을 내렸습니다(대법원 1984. 2. 28. 선고 82므67 판결).

하지만 **이혼 후에도 혼인 관계가 무효임을 확인할 필요성**이 구체적으로 인정될 소지가 있습니다. 예를 들어 이혼 전에 부부의 일방이 일상의 가사에 관하여 제3자와 법률행위를 한 경우 다른 일방은 이혼한 이후에도 그 채무에 대하여 연대책임을 부담할 수 있지만(민법 제832조), 혼인 무효 판결이 확정되면 기판력은 당사자뿐 아니라 제3자에게도 미치므로(가사소송법 제21조 제1항) 제3자는 다른 일방을 상대로 일상가사채무에 대한 연대책임을 물을 수 없게 되는 경우가 있습니다. 그 외에도 인척이거나 인척이었던 사람과의 혼인금지 규정(민법 제809조 제2항)이나 친족 사이에 발생한 재산범죄에 대하여 형을 면제하는 친족상도례 규정(형법 제328조 제1항 등) 등이 적용되지 않는다는 차이가 발생하기도 합니다.

특히 혼인 무효 판결이 확정되면 당사자는 **가족관계등록부 정정 신청**을 할 수 있습니다. 가족관계등록부 정정이 이루어진다면 국가나 지방자치단체로부터 미혼모나 미혼부 가족을 위한 다양한 지원사업의 혜택을 받을 수 있는 자격을 회복할 수도 있습니다.

이처럼 일단 **유효한 혼인 관계를 전제로 하여 형성되는 여러 법률 관계에 관련된 분쟁을 한꺼번에 해결할 수 있는 적절한 수단이**

되는 경우, 혼인 관계가 이혼으로 해소된 이후에도 혼인 관계의 무효 확인을 구할 수 있는 것입니다(대법원 2024. 5. 23. 선고 2020므15896 전원합의체 판결).

Q2 혼인신고가 무효로 되는 사유는 어떤 것이 있나요?

A2 민법 제815조는 **혼인의 무효 사유**를 다음과 같이 규정하고 있습니다.
1. 당사자 사이에 혼인의 합의가 없는 때
2. 8촌 이내의 혈족 사이의 혼인일 때
3. 당사자 간에 직계인척관계가 있거나 있었던 때
4. 당자사 간에 양부모계의 직계혈족관계가 있었던 때

그 외에도 결혼식을 올린 다음 동거까지 하였으나 성격의 불일치 등으로 계속 부부싸움을 하던 끝에 사실혼 관계를 해소하기로 합의하고 별거하는 상황에서 당사자 일방이 상대방의 승낙 없이 자기 마음대로 혼인신고를 하는 경우와 같이 혼인신고가 일방적으로 이루어졌다면 이는 당사자 간 혼인의 합의가 없는 경우에 해당하여 무효라고 보고 있습니다(대법원 1986. 7. 22. 선고 86므41 판결, 대법원 1989. 1. 24. 선고 88므795 판결). 즉, A씨와 같이 **한쪽 당사자의 혼인신고 의사가 없음에도 불구하고 혼인신고가 일**

방적으로 이루어졌다면 이는 당사자 간에 혼인의 합의가 없는 경우에 해당하여 무효라고 보아야 하는 것입니다.

한편 헌법재판소는 '2. 8촌 이내 혈족 사이의 혼인'을 일률적·획일적으로 혼인 무효 사유로 규정한 것은 위헌이라고 보아 헌법불합치결정을 선고하였습니다. 그래서 위 부분에 대해서는 2024. 12. 31.을 시한으로 개정될 때까지만 계속 적용된다는 점도 참고하시길 바랍니다(헌법재판소 2022. 10. 27. 선고 2018헌바115 결정).

> 실무 Tip
>
> **이혼 성립 후 혼인 무효의 청구**
>
> 이미 이혼이 성립된 경우라도 혼인신고 당시 상대방의 일방적이고 중대한 결함이 있었다는 점을 명확히 입증하면 혼인 무효를 청구하여 충분히 승소할 수 있습니다.

가사·상속 전문 변호사 상담일지 #06

이전 재판에서 누락된 재산을 다시 재산분할청구하려면?

법무법인(유) 로고스 가사/상속팀 박상홍 변호사

"변호사님, 이미 끝난 재산분할 재판에서
누락된 재산을 뒤늦게 발견했어요.
이 재산에 대해 다시 재산분할청구를 할 수 있나요?"

A씨는 다소 떨리는 목소리로 이야기를 시작했습니다. A씨와 B씨는 1989년 결혼하여 행복한 가정을 꿈꾸었지만, 짧은 결혼생활 끝에 1993년 이혼했습니다. 그러나 자녀의 양육 문제로 고민하던 중 아이를 위해 1995년 재결합하게 되었습니다.

하지만 재결합 이후에도 양육 문제로 인해 갈등은 계속되었고, 결국 2010년 이혼 소송에 이르게 되었습니다. A씨는 2010년 1월 9일, B씨를 상대로 이혼 및 기타 문제를 해결하기 위해 본소를 제기하였고, B씨도 반소를 제기하여 2013년 5월 26일에는 다음과 같은 내용의 판결을 받게 되었습니다.

- 주 문 -

1. A와 B는 이혼한다.
2. A는 B에게 재산분할로 A 명의의 일부 부동산(가액 합계 155,018,110원)에 관하여 이 판결 확정일자 재산분할을 원인으로 한 소유권이전등기절차를 이행하라.
3. B는 A에게 재산분할로,

가. B 명의의 일부 부동산(가액 125,000,000원)에 관하여 이 판결 확정일자 재산분할을 원인으로 한 소유권이전등기절차를 이행하고,

나. 6억 3,000만 원 및 이에 대하여 이 판결 확정일 다음 날부터 다 갚는 날까지 연 5%의 비율에 의한 돈을 지급하라.

A씨와 B씨 모두 이 판결에 불복하여 항소를 제기하였으나, 고등법원은 두 사람의 항소를 전부 기각하였고, 2013년 9월 6일 위 판결이 최종 확정되었습니다.

그 후, A씨는 재산분할금을 받고 '추가적인 재산에 대한 분할 청구를 하지 않겠다'는 메시지를 B씨에게 보내기도 했습니다. A씨는 B씨가 경매나 재테크 모임에 참가하며 다른 자산에 투자하고 있었다는 사실을 어렴풋이 알고 있었지만, 이혼 과정에서 자신의 아쉬움은 충분히 이야기하였다고 느꼈고, 더 이상 B씨와 다툼을 벌이는 것에는 이골이 나있었기 때문에 B씨의 요청에 응하게 되었습니다.

몇 년 후, A씨는 B씨가 재테크 모임에서 친하게 지내던 C씨와 재혼한 사실을 알게 되었고, C씨가 고급 아파트에서 멋진 자동차를 몰고 내리는 모습을 우연히 목격하게 되었습니다. 그 순간 A씨는 이혼 당시 B씨가 재산을 은닉하고 있던 것이 아닌가 하는 강한 의심이 들었고, 주변을 조사한 끝에 이혼 전부터 B씨가 친인척 명의로 부동산을 매입하고 해외에도 금융 자산을 숨겨두었던 구체적인 정황을 발견하였습니다.

결국 A씨는 2015년 8월 18일, 과거 이혼 성립 당시 재산분할 대상에서 누락된 약 100억 원 상당의 부동산과 금융자산에 대해 기존 사건에서 적용받은 기여도 50%를 적용하여 적어도 50억 원은 분할 받아야 한다는 취지로 추가로 재산분할을 청구하게 되었습니다. 그러나 1심 법원에서는 A씨의 청구를 기각하였고, A씨는 전문적인 법률 상담을 받기 위해 변호사를 찾게 되었습니다.

"변호사님, 어떻게 하면 저의 권리를 제대로 찾을 수 있을까요?"

체크리스트

혼인 및 이혼 관계

- ✓ 1989년 혼인, 1993년 이혼 후 1995년 재혼, 2013년 최종 이혼

- ✓ 슬하 자녀 1명(성년)

- ✓ 재산분할 판결 후 일부 자산 분할 완료, 추가 재산분할 포기 메시지 전송

현재 상황

- ✓ 이혼 당시 누락된 약 100억 원 상당의 은닉 재산 존재 확인

- ✓ 1심에서 추가 재산분할 청구 기각, 향후 법적 대응 방안 모색 필요

의뢰인의 문의 사항

- ✓ 재산분할에서 누락한 재산에 대해 다시 분할청구할 수 있나요?

- ✓ 종전 재판 절차에서 앞으로 더 재산분할을 다투지 않겠다는 의사를 표시한 경우, 추가로 발견된 재산에 대한 재산분할청구권을 포기한 것이 되는 걸까요?

박상홍 변호사의 솔루션

Q1 재산분할재판에서 누락한 재산에 대해 다시 분할청구할 수 있나요?

A1 원칙적으로 가능하지만, 너무 늦게 청구해서는 안 된다는 점을 명심해야 합니다. 즉, 종전의 재산분할 재판에서 분할대상인지 여부가 전혀 심리된 바 없는 **재산이 재판확정 후 추가로 발견된 경우**에는 이에 대하여 **추가로 재산분할청구**를 할 수 있습니다(대법원 2003. 2. 28. 선고 2000므582 판결).

다만, 재산분할청구권은 **이혼한 날로부터 2년 내에 행사**하여야 하고 그 기간을 경과하면 소멸되어 이를 청구할 수 없게 규정되어 있습니다(민법 제843조, 제839조의2 제3항). 이때 '2년'이라는 기간은 권리 관계나 법률 관계를 신속히 확정하려는 '제척기간'의 성격을 지니기 때문에 당사자가 기간을 준수하지 못하였다고 하더라도 그러한 사정을 참고하여 늘려줄 수 없습니다. 이러한 제척기간은 이미 재산분할심판이 확정된 후 부부 일방이 추가로 재산분할청구를 하는 경우에도 동일하게 적용됩니다(대법원 2018. 6. 22.자 2018스18 결정).

한편 A씨와 같이 청구인 지위에서 대상 재산에 대해 적극적으로 재산분할을 청구하는 것이 아니라, B씨와 같이 이미 추가로 제기된 재산분할청구 사건의 상대방 지위에서 분할대상 재산을 주장하는 경우에는 제척기간이 적용되지 않습니다(대법원 2022. 11. 10.자 2021스766 결정).

A씨의 경우에는 B씨와 **2013년 9월 6일 최종적으로 이혼하는 것으로 확정**되었습니다. 그렇다면 추가로 알게 된 B씨의 재산에 대해서 재산분할심판청구서를 접수하는 것뿐만 아니라 최종적인 B씨의 재산 내역이 구체적으로 무엇인지를 확인하고 청구취지를 확장하는 것까지 모두 **이혼 판결이 확정되고서 2년 이내에 접수**했어야 합니다.

따라서 A씨가 2015년 8월 18일 최초의 심판청구서를 제출할 때 특정한 재산에 대해서는 심리가 이루어질 수 있지만, 예컨대 2016년 1월 항소심의 과정과 같이, 이혼한 날로부터 2년이 지난 시점에서 추가로 법원에 제출된 재산 내역에 대해서는 재산분할청구가 부적법한 것이 되어 각하될 수도 있는 것입니다.

Q2 종전 재판 절차에서 앞으로 더 재산분할을 다투지 않겠다는 의사를 표시한 경우, 추가로 발견된 재산에 대한 재산분할청구권을 포기한 것이 되는 걸까요?

(A2) 재산분할에 관하여 앞서 재판이 있었으나, 그 재판이 임의조정이든 화해든 본격적으로 심리가 진행되지 못한 채 합의에 의해 조기 종결되는 경우에도 **'재산분할 등 금전적 청구를 하지 않겠다'는 취지의 문구를 합의안이나 조정안에 포함시키는 경우**가 적지 않습니다.

그런데 이 문구에 대해서 추후 재산이 발견되더라도 위와 같은 조항에 의거하여 추가 재산분할청구는 불가능하다고 해석하면 위 화해 절차가 공동재산을 은닉하고자 하는 당사자에 의하여 악용될 우려가 있으므로, 법원에서는 해당 문구를 향후 재산분할대상이 될 것으로 약정 당시 예측할 수 있었던 재산에 한하여 추후 재산분할청구권을 포기한 것이라고 제한적으로 해석하고 있습니다(서울가정법원 2010. 9. 17. 선고 2009느합133, 2010느합21 심판).

즉, 과거 논의 당시 **어느 일방이 그 소재를 예측할 수 없었던 상대방의 재산에 관하여는 이혼 이후에도 제척기간을 준수하는 경우 추가로 재산분할청구를 할 수 있도록** 길을 열어두고 있는 것입니다.

> **실무 Tip**
>
> **재산분할 전 재산을 은닉한 경우**
>
> 배우자가 악의적으로 제3자의 명의로 취득한 재산(명의신탁 재산)에 대해서도 부부가 혼인 중 쌍방의 협력에 의하여 이룩한 공동재산이라는 사실을 입증한다면 재산분할의 대상이 됩니다.

가사·상속 전문 변호사 상담일지 #07

결혼 전부터 키우던 반려견을
남편이 이혼 시 데려가겠다고 합니다.

법무법인(유) 로고스 가사/상속팀 성진원 변호사

A씨는 2016년경 반려견 코코(포메라니언)를 입양하여 키우기 시작했습니다. A씨는 동물보호법에 따라 코코를 A씨의 소유로 등록하였습니다. 그로부터 2년 뒤 A씨는 인터넷 카페에서 만나 사랑에 빠지게 된 B씨와 결혼하게 되면서 반려견 코코 역시 신혼집에 데려와 남편 B씨와 함께 키우게 되었습니다.

A씨는 혼인 생활 중에도 코코를 매일 산책시키고, 아플 때 동물병원에 데려가는 등 애지중지 키웠고, 평소 개를 좋아하던 B씨도 코코를 매우 예뻐하며 비싼 간식과 장난감을 사주는 등 아낌없이 애정을 주었습니다. 자식이 없던 A씨와 B씨 부부에게

코코는 어느새 자식과도 같이 소중한 존재가 되었습니다.

그러던 어느 날 A씨와 B씨가 부부싸움을 하던 중 B씨가 A씨의 머리와 뺨을 때리고 폭언을 하는 일이 발생하면서 A씨와 B씨 부부의 삶에도 균열이 생기게 되었습니다. 놀란 A씨는 그날 밤 도망치듯 친정집으로 몸을 피했으나, 상황이 급박했던만큼 반려견 코코를 집에 놓고 나올 수밖에 없었습니다.

B씨의 폭행으로 전치 4주의 상해를 입은 A씨는 더 이상 혼인관계를 유지할 수 없다고 판단하여 B씨에게 이혼을 요구하였고, 며칠 후 반려견 코코와 A씨의 짐을 챙기러 다시 집을 방문하였지만 현관문은 굳게 닫혀 열리지 않았습니다. A씨가 집을 비운 틈을 타 B씨가 집 현관문 도어락의 비밀번호를 변경하였던 것입니다.

A씨는 평소 분리불안증이 있어 A씨와 오래 떨어져 있으면 스트레스를 받는 코코가 걱정되어 다급히 B씨에게 전화해 문을 열어달라고 요구했습니다. 그러나 B씨는 코코를 절대로 줄 수 없다며 다시는 코코를 볼 생각하지 말라고 엄포를 놓았습니다. 심지어 B씨는 A씨에게 코코를 보내느니 다른 사람에게 팔아버

리겠다는 협박까지 하면서 코코의 인도를 거부하였습니다.

 이에 A씨는 이혼 소송을 결심함과 동시에 자식같이 키우던 반려견 코코의 양육권을 가져올 방법이 있는지, B씨가 코코의 인도를 계속 거부할 경우 데려올 수 있는 방법은 없는지 문의하고자 저희 법무법인을 찾아오셨고, B씨에 대한 이혼 소송이 진행되었습니다.

체크리스트

당사자 관계

✓ 2018년 혼인, 2023년 이혼 소송 제기

✓ 슬하에 자녀는 없고, 아내 A씨가 혼인 2년 전부터 키우던 반려견 코코가 존재함

✓ 혼인 후 아내 A씨와 남편 B씨가 반려견 코코를 함께 양육함

현재 상황

✓ 남편 B씨의 폭력과 폭언으로 아내 A씨가 이혼을 요구함

✓ 남편 B씨가 반려견 코코의 인도를 거부하고 있는 상황

의뢰인의 문의 사항

✓ 결혼 전부터 키우던 반려견을 남편이 이혼하면서 데려가겠다고 하는데, 반려견의 양육권을 가져올 방법이 있을까요?

✓ 남편이 반려견을 다른 사람에게 팔아버렸다고 하면서 계속 인도를 거부하면 어떻게 해야 하나요?

성진원 변호사의 솔루션

Q1 결혼 전부터 키우던 반려견을 남편이 이혼하면서 데려가겠다고 하는데, 반려견의 양육권을 가져올 방법이 있을까요?

A1 아쉽게도 현행 민법 체계상 반려동물은 **'물건'**으로 분류되기 때문에 이혼 시 **양육권이나 면접교섭권의 대상이 아닌 '재산분할'의 대상**이 됩니다. 재산분할의 법리상 부부 일방이 혼인 전부터 보유하고 있었던 특유재산은 원칙적으로 분할대상이 되지 않기 때문에 부부 일방이 혼인 전부터 키우고 있던 반려견 역시 특유재산으로 원칙적으로는 분할대상이 되지 않습니다. 따라서 반려견 코코의 경우, A씨가 혼인 전부터 키웠음은 물론 동물보호법에 따라 A씨의 소유로 등록(2014년부터 동물등록제가 시행되면서 반려 목적으로 기르는 2개월령 이상의 개는 반드시 시·군·구청에 등록을 하도록 되어있습니다)되어 있었으므로 원칙적으로 A씨의 특유재산으로서 분할대상이 되지 않고 A씨의 소유라고 보아야 할 것입니다.

그런데 특유재산이라 하더라도 예외는 존재합니다. 특유재산 일지라도 다른 일방이 적극적으로 그 특유재산의 유지에 협력하여 그 감소를 방지하였거나 그 증식에 협력하였다고 인정되는 경우에는 분할대상이 될 수 있습니다(대법원 1993. 5. 25. 선고 92 므501 판결). 따라서 부부 일방이 혼인 전부터 키우던 반려견이라 하더라도, 다른 부부 일방이 혼인 기간 중 많은 시간과 비용을 들여 양육에 기여하였다면 예외적으로 재산분할의 대상이 될 가능성이 존재하는 것입니다.

실제로 B씨는 이혼 소송에서 혼인 기간 중 B씨가 반려견 코코에게 비싼 간식과 장난감을 사주는 등 적지 않은 비용을 지불하여 양육에 기여하였던 점을 주장하면서 반려견 코코를 A씨의 특유재산으로 볼 수 없다고 주장하였습니다.

그러나 재판부는 ① A씨가 혼인 전 반려견 코코의 입양 비용을 부담하였던 점, ② 동물등록증에 A씨가 소유자로 기재되어있는 점, ③ 혼인 기간 중 백신접종비용과 병원 진료비 등을 A씨가 부담하였던 점, ④ 반려견 코코가 A씨에 대한 분리불안 증세가 있을 정도로 A씨에 대한 강한 애착을 형성하고 있는 점 등 입양 경위와 양육 실질을 종합적으로 고려하여 반려견 코코를 A씨의 소유라고 판단하였습니다.

이처럼 혼인 전부터 보유하고 있던 반려견이라 하더라도 **입양 경위와 혼인 기간 중 양육에 실질적으로 기여한 정도**를 보다 구체적으로 주장·입증하여 반려견의 소유권을 가져오는 소송 전략이 필요하다고 할 것입니다. 실제로 최근 하급심 판례들은 동물보호법상 동물등록제도는 등록대상동물의 보호 등을 위한 제도로 보일 뿐, 등록대상동물의 소유 관계를 공시하거나 결정짓는 제도라고는 할 수 없어 동물등록증에 소유자로 기재되었던 것만으로 그 소유자라고 단정할 수 없다는 입장을 취하고 있습니다.

참고로 우리나라에서는 아직 반려동물의 양육권이 제도화되어 있지 않지만, 프랑스나 미국 일부 주에서는 이미 반려동물의 법적 지위를 인정하고 양육권 판단의 대상으로 다루고 있으므로, 우리나라도 향후에는 반려동물 양육권이 법제화될 가능성이 있습니다. 이미 법무부가 2021년경 민법 제98조의2에 '동물은 물건이 아니다'라는 조항을 신설하여 동물을 법적으로 더 이상 물건으로 취급하지 않고, 동물 그 자체로서의 법적 지위를 인정하는 내용의 민법 일부개정법률안을 발의한 바 있으나, 통과는 되지 않았습니다.

그렇다면 만일 상대방이 소송에서 반려동물의 소유권을 가져갈 경우 향후 반려동물을 다시 볼 수 있는 가능성은 전혀 없는 걸까요? 그렇진 않습니다. 아직까지 우리나라에서 반려동물의 양육권이나 면접교섭권이 인정되지는 않지만, 양 당사자 간의 합의 내지 조정만 가능하다면, '한 달에 2번 반려견을 볼 수 있다', '주기적으로 반려견과 산책할 수 있다'는 식의 합의 사항을 합의서나 조정조서에 기재하는 식으로 반려동물을 이혼 후에도 볼 수 있는 가능성은 언제나 열려 있습니다.

Q2 남편이 반려견을 다른 사람에게 팔아버렸다고 하면서 계속 인도를 거부하면 어떻게 해야 하나요?

A2 A씨는 다행히도 소송을 통해 반려견 코코의 소유권을 인정받고 남편으로부터 코코를 돌려받아 다시 품에 안을 수 있었습니다.

그러나 이혼 재산분할 소송을 통해 반려견의 소유권을 법적으로 인정받았다고 하더라도 상대방이 반려견을 숨겨버리거나, 잃어버렸다면서 반환을 거부하고, 금전으로 손해배상하겠다고 나올 경우, 아쉽게도 강제로 반려견을 찾아서 데려올 수 있는 방법은 현실적으로 마땅치 않습니다. 따라서 이혼 소송을 준비하기 전부터 반려견을 직접 데리고 있으면서 법적인 **점유상태를 유지**하는 것이 유리하다는 점을 꼭 잊지 마시길 바랍니다.

(실무 Tip)

이혼 소송 시 반려동물의 소유권이 문제되는 경우

소송 제기 전 별거 단계에서부터 반려동물을 데리고 있으면서 법적인 점유상태를 유지하는 것이 중요합니다. 다만, 반려견을 점유하지 않고 있는 상태라 하더라도 상대방이 아직 반려견을 팔아버리지 않았다면, 이혼 소송 중 법원에 '사전처분'을 신청하여 상대방이 반려견을 처분하는 행위의 금지를 명할 수 있습니다(가사소송법 제62조 제1항). 만일 위와 같은 사전처분이 내려졌음에도 상대방이 정당한 사유 없이 이를 위반할 경우, 법원은 1천만 원 이하의 과태료를 부과할 수도 있습니다(동법 제67조 제1항).

가사·상속 전문 변호사 상담일지 #08

20년을 같이 살았는데 혼인신고를 안 했다는 이유로 남편이 재산분할을 거부합니다.

법무법인(유) 로고스 가사/상속팀 성진원 변호사

A씨는 의사인 B씨가 운영하는 개인병원에서 간호사로 일하던 중 자연스럽게 B씨와 사랑에 빠져 결혼을 약속하게 되었습니다. 문제는 당시 B씨가 이혼 소송 중이었기 때문에 대외적인 시선을 고려하여 결혼식을 올리기는 어려운 상황이었고, 혼인신고조차 할 수 없었습니다. 결국 A씨와 B씨는 남몰래 한집에서 부부로서 동거를 시작했습니다.

비록 결혼식도, 혼인신고도 하지 않았으나, A씨와 B씨는 서로를 20년 넘게 부부라 생각하며 살았기에 대내외적으로 서로의 호칭을 '남편'과 '아내'라 불렀습니다. 또한, A씨는 B씨 자녀들의 새어머니로서 B씨 아들의 결혼식에 혼주로 참석하고, 손주 돌잔치에도 가고, 가족여행도 자주 가는 등 아내로서의 역할을 다하였습니다.

A씨는 B씨의 병원 운영도 성심성의껏 도왔습니다. 간호사로 근무했던 경험을 살려 병원 직원들과 수입을 관리하면서 B씨가 진료에만 집중할 수 있도록 했습니다. 그 결과 B씨의 병원을 찾는 환자들이 점점 많아지면서 어느덧 상가 여러 채를 보유할 정도의 자산도 축적하게 되었습니다.

그런데 어느 순간부터 B씨가 야근이나 친구들과의 모임을 이유로 집에 들어오지 않는 날이 잦아지면서 부부관계에도 금이 가기 시작했습니다. 이로 인해 A씨와 B씨가 다투는 날이 점점 많아졌고, A씨는 B씨가 자신을 피하는 듯한 느낌을 지울 수 없었습니다.

그러던 어느 날 A씨는 부동산 등기부등본을 떼보던 중 B씨가 혼인 생활 중 B씨 명의로 취득하였던 상가 2채의 소유 명의를 모두 B씨의 여동생에게 넘긴 사실을 알게 되었습니다. A씨가 크게 놀라 B씨에게 어떻게 된 것이냐 따져 묻자 B씨는 답변을 회피하였고, A씨와 B씨의 다툼은 크게 번져 B씨가 A씨에게 폭언을 하며, 물건을 집어던지는 사태까지 벌어졌습니다.

결국 A씨는 B씨를 가정폭력으로 경찰에 신고하였고, B씨는 그대로 집을 나가 돌아오지 않았습니다. 이후 A씨는 B씨에게 위자료와 재산분할을 요구하였으나, 돌아온 답변은 A씨와 B씨는 결혼식도, 혼인신고도 하지 않은 단순 동거관계였기 때문에 위자료와 재산분할금을 단 한 푼도 줄 수 없다는 것이었습니다.

이에 절망에 빠진 A씨는 위자료와 재산분할을 받을 방법이 없는지 문의하기 위해 저희 법무법인에 찾아오셨고, B씨에 대한 위자료 및 재산분할금 청구 소송이 진행되었습니다.

체크리스트

당사자 관계

✓ 2002년 혼인의 의사로 동거 시작, 혼인신고는 하지 않음

✓ 2022년 위자료 및 재산분할 청구 소송 제기

현재 상황

✓ 남편 B씨가 혼인 생활 중 취득한 상가 2채의 소유권을 아내 A씨 몰래 여동생에게 이전함

✓ 남편 B씨가 아내 A씨에게 폭력과 폭언을 행사한 후 가출함

✓ 아내 A씨가 남편 B씨에게 위자료와 재산분할을 요구하였으나, 남편 B씨가 거부하고 있는 상황

의뢰인의 문의 사항

✓ 혼인신고를 안하고 살았다면 남편에게 이혼과 위자료 청구를 할 수 없는 건가요?

✓ 남편이 여동생에게 혼인 중 취득한 상가 2채를 빼돌렸습니다. 혼인신고를 안하고 살았다면 남편에게 재산분할을 청구할 수 없는 건가요? 상가 2채를 돌려받을 방법은 전혀 없는 건가요?

성진원 변호사의 솔루션

Q1 혼인신고를 안하고 살았다면 남편에게 이혼과 위자료 청구를 할 수 없는 건가요?

A1 결혼식과 혼인신고를 하지 않았다고 하더라도 **'사실혼' 관계**가 성립할 수 있고, 사실혼 관계 파탄에 대한 책임이 있는 자에게 위자료를 청구할 수 있습니다. 사실혼 관계가 인정되려면 단순한 동거만으로는 부족하고, 당사자 사이에 **혼인의 의사**가 있고, 객관적으로 사회관념상 가족질서적인 면에서 부부 공동 생활을 인정할 만한 **혼인 생활의 실체**가 있어야 합니다(대법원 1995. 3. 28. 선고 94므1584 판결).

이때, 혼인의 의사란 일반적으로 부부로서 정신적·육체적으로 결합하여 계속·안정적으로 생활공동체를 형성하여 영위할 의사를 의미하고, 혼인 생활의 실체가 있는지 여부는 당사자 사이의 동거 생활 여부, 경제적 결합관계, 다른 가족과의 관계 형성 여부 등을 종합적으로 고려하여 경험칙과 사회 일반의 상식에 따라 합리적으로 판단하여야 합니다(대법원 2009. 2. 9.자 2008스105 결정).

A씨와 B씨는 비록 혼인신고는 하지 않았지만, 20년 넘게 한집에서 동거하고, 병원을 함께 운영하며 경제활동을 하기도 하였습니다. 나아가 A씨는 B씨의 아내이자, B씨 자녀들의 새어머니로서 B씨 아들의 결혼식, 손주의 돌잔치, 가족여행 등에 여러 차례 참석하면서 B씨의 가족들 또한 A씨를 가족으로 인정해왔습니다.

이에 소송 당시 B씨는 단순 동거관계에 불과했다고 주장했지만, A씨가 가족행사에 참여하였던 사진들, A씨가 B씨의 병원에서 근무하며 병원 수입을 관리하였던 내역, B씨가 보험계약에서 사망 후 수익자를 A씨로 지정하면서 A씨와의 관계를 '배우자'라고 기재하였던 보험 서류, 경찰 출동 당시 B씨가 A씨를 '아내'라고 칭하였던 기록 등을 제출함으로써 결국 재판부는 A씨와 B씨가 사실혼 관계에 있었다고 판단하여 A씨의 위자료 청구를 인용했습니다.

Q2 남편이 여동생에게 혼인 중 취득한 상가 2채를 빼돌렸습니다. 혼인신고를 안하고 살았다면 남편에게 재산분할을 청구할 수 없는 건가요? 상가 2채를 돌려받을 방법은 전혀 없는 건가요?

A2 부부재산 청산의 의미를 갖는 **재산분할 규정은** 부부의 생활공동체라는 실질에 비추어 인정되는 것이므로 **사실혼 관계에도 유추적용**될 수 있습니다. 사실혼 관계를 유지하는 동안 부부가 공동으로 재산을 형성하고, 재산의 유지·증식에 기여했다면 그 재산은 부부의 공동소유로 보아 사실혼이 해소되는 경우에 재산분할을 청구할 수 있습니다(대법원 1995. 3. 10. 선고 94므1379, 1386 판결).

A씨는 B씨와 혼인 생활을 하는 중에도 B씨의 병원 운영을 도왔을 뿐만 아니라, 병원 수입을 관리하면서 재산 증식에 기여하였기 때문에 혼인 생활 중 취득한 재산은 모두 부부 공동 재산으로 보아 분할대상 재산이 될 수 있습니다. 따라서 B씨가 혼인 기간 중 벌어들인 병원 수입으로 취득한 상가 2채 역시 부부 공동 재산이라 볼 수 있습니다.

그런데 이미 여동생 명의로 이전된 상가 2채를 분할대상 재산에 포함시킬 수 있는지 여부는 또 다른 문제입니다. 만일 B씨가 곧 재산분할 심판청구가 제기될 것을 알고 있는 상태에서 재산분할을 회피할 목적으로 상가 2채를 여동생 명의로 이전한 것이었다면, 민법 제839조의3 제1항(부부의 일방이 다른 일방의 재산분할청구권 행사를 해함을 알면서도 재산권을 목적으로 하는 법률행위를 한 때에는 다른 일방은 제406조 제1항을 준용하여 그 취소 및 원상회복을 가정법원에 청구할 수 있다)에 규정된 **사해행위**에 해당되어 가정법원에 그 행위의 취소를 구할 수 있었을 것입니다. 그러나 해당 사건에서는 B씨가 여동생에게 상가 2채를 이전할 당시 A씨와 B씨 모두 이혼 생각이 없어 A씨의 재산분할청구권이 현실화되지 않은 상태였기 때문에 사해행위로 인정되지 않았습니다.

한편, **제3자 명의의 재산**이더라도 그것이 부부 중 일방에 의하여 **명의신탁된 재산** 또는 부부의 일방이 실질적으로 지배하고 있는 재산으로서 부부 쌍방의 협력에 의하여 형성된 것이거나 부부 쌍방의 협력에 의하여 형성된 유형, 무형의 자원에 기한 것이라면 **재산분할의 대상**이 될 수 있습니다(대법원 1998. 4. 10. 선고 96므1434 판결 참조).

따라서 상가 2채의 소유 명의가 형식적으로만 여동생에게 이전되었을 뿐, 실질적으로는 여전히 B씨의 소유라는 점을 적극적으로 주장·입증한다면, 이미 여동생 명의로 이전되었다고 하더라도 역시 재산분할 대상이 될 수 있는 여지는 남아있습니다.

다만, 이러한 경우라도 명의신탁된 재산의 소유명의가 부부 일방에게 회복되지 않는 한, 법원이 그 재산 자체의 분할(예컨대, 소유권의 절반을 아내에게 이전)을 명할 방법은 없고, 대신 해당 부동산의 거래가액만큼을 분할대상 재산에 포함시켜 아내에게 현금으로 지급하라는 식의 판결은 가능합니다.

해당 사안에서도 재판부가 위와 같은 사정들을 참작하여 B씨로 하여금 A씨에게 상당한 규모의 재산분할금을 지급하라는 내용의 판결을 내렸습니다.

> **실무 Tip**
>
> **가정폭력을 당했는데 가해자가 언제 찾아올지 몰라 두려운 경우, '피해자보호명령'을 청구해보세요.**
>
> 가정폭력을 당했을 때는 법원에 '피해자보호명령'을 청구하여 가정폭력 가해자의 주거지 퇴거, 100미터 이내 접근금지, 휴대폰 연락 금지 등의 신변안전조치를 받을 수 있습니다(가정폭력범죄의 처벌 등에 관한 특례법 제55조의2). 기간은 1년을 초과할 수 없지만, 필요시 2개월 단위로 추가 연장도 가능합니다(동법 제55조의3).

가사·상속 전문 변호사 상담일지 #09

25년 동안 집안에 헌신했는데 맨몸으로 쫓겨나게 생겼습니다.

법무법인(유) 로고스 가사/상속팀 최가경 변호사

"남편이 부부의 모든 재산을 형성한 것은 사실입니다. 저는 그런 남편이 고마워 양육과 집안일에 최선을 다했습니다. 25년을 살았지만 남편과의 다툼이 너무 심해져 이혼을 하게 되었는데, 자신이 모두 재산을 해왔으니 맨몸으로 나가라고 하네요. 너무 막막합니다."

25년 전, A씨의 결혼식은 동화처럼 환상적이었습니다. 도심의 한 유명 호텔의 화려한 볼룸에서 사랑하는 이들이 보는 앞에서 치러진 성대한 결혼식은 주변 모두의 부러움을 샀습니다. A씨는 당시의 그 감정을 이렇게 회상했습니다. "모든 것이 완벽했어요. B씨는 정말 자상하고, 세심한 남편이었죠. 그리고 이어진 환상적인 유럽 여행은… 정말 꿈만 같았습니다."

그들의 아파트는 도시 중심가의 고층 건물에 위치해 있었으며, 매일 아침 창문 너머로 펼쳐지는 도시의 전경은 A씨의 하루하루를 특별하게 만들어주었습니다. 이 모든 것은 B씨의 성공 덕분이었습니다. A씨는 B씨의 성공을 위해 가정에서 묵묵히 내조하며 모든 집안일을 도맡았습니다. "제가 할 수 있는 모든 일을 했어요. B씨가 집에 돌아왔을 때, 집은 항상 평화로워야 했죠. 그가 편안하게 쉴 수 있도록 말이에요."

그러나 세월이 흐르면서 B씨의 성공은 그의 인격을 변화시켰습니다. 사업 확장으로 인한 B씨의 스트레스는 가정에 불화의 그림자를 드리웠고, A씨와의 관계도 점점 틀어졌습니다. 사소한 오해가 큰 싸움으로 발전하곤 했고, 이러한 다툼은 결국 이혼 소송으로 이어졌습니다.

"당신은 경제적으로 아무런 기여도 하지 않았어. 모든 재산은 내가 일궈낸 것이니 조금도 분할해 줄 수 없어." B씨의 목소리가 조정장에서 울려퍼졌습니다. A씨는 법정에서 침착하게 말했습니다. "25년간 저는 가정을 지키고 자녀들을 키우는 데 모든 시간을 바쳤습니다. 그것이 경제적 기여가 아니라면 무엇이라고 할 수 있겠어요?" A씨의 변호사는 가사노동과 양육의 경제적 가치에 대해 강조하며, A씨의 헌신이 B씨의 경제적 성공에 어떻게 큰 영향을 미쳤는지를 재판부에 호소했습니다. "이 모든 헌신 없이 B씨가 오늘날의 위치에 있을 수 있었을까요? A씨의 노력은 B씨가 회사에서 집중할 수 있는 환경을 만들어 주었습니다."

A씨는 재산분할을 전혀 할 필요가 없다는 B씨의 주장에 대해서 분을 참지 못하고, 가사법 변호사에게 상담받기로 결심했습니다.

체크리스트

혼인 및 이혼 관계

✓ A씨는 25년 전 B씨와 결혼하여 전업주부로 가사와 양육을 전담해 옴

✓ 혼인 초반 B씨는 성실하고 자상한 배우자였으나, 승진 후 성격이 변함

✓ 잦은 다툼과 소통 단절이 반복되며 부부관계가 점점 악화됨

✓ 결국 심각한 갈등 끝에 이혼 소송에 이르게 됨

현재 상황

✓ B씨는 '재산은 모두 내가 벌었으니 분할 불가'라는 입장 고수

✓ A씨는 자녀 양육 및 가사노동을 혼자 감당하며 가족을 돌봄

✓ B씨의 경제적 성공이 A씨의 헌신 덕분이라는 점을 조정위원에 호소

의뢰인의 문의 사항

✓ 25년 동안 양육과 집안일을 전담했고, 그 덕분에 가족들이 잘 되었는데도, 남편이 일궈온 재산은 모두 남편의 특유재산이 되어 재산분할 될 가능성은 없나요?

최가경 변호사의 솔루션

Q 25년 동안 양육과 집안일을 전담했고, 그 덕분에 가족들이 잘 되었는데도, 남편이 일궈온 재산은 모두 남편의 특유재산이 되어 재산분할 될 가능성은 없나요?

A **특유재산은 재산분할하지 않는 것이 원칙**이지만, **예외적인 요건을 충족하면 재산분할대상**이 됩니다. 한편, 혼인 성립 당시 특유재산과 혼인 파탄 직전 특유재산은 재산분할 여부가 달라질 가능성이 높습니다.

대법원은 소송 당사자 일방의 특유재산을 재산분할에 포함시킬지 여부의 기준에 대해 "부부 일방의 특유재산은 원칙적으로 재산분할의 대상이 되지 않으나, 특유재산일지라도 다른 일방이 적극적으로 그 특유재산의 유지에 협력하여 그 감소를 방지하였거나 그 증식에 협력하였다고 인정되는 경우에는 재산분할의 대상이 될 수 있다."는 입장입니다.

남편이 혼인 당시 매입한 아파트의 비용을 모두 담당했다면, 남편의 특유재산이 맞습니다. 하지만 A씨는 두 아이의 양육에 최선을 다했고, 집안일을 홀로 전적으로 담당했습니다. A씨가 집안에서 내조한 덕분에 아이들과 남편이 모두 잘 되었다고 볼 수 있겠죠. 따라서 A씨는 남편의 특유재산 중 혼인 생활 시작 당시 매입한 아파트에 대하여서는 혼인 생활 25년 동안 특유재산인 아파트의 유지 및 증식에 협력하였다고 볼 수 있습니다.

쉽게 말해서 A씨가 집안일을 열심히 하여 남편이 돈을 열심히 벌도록 조력함으로써, 아파트를 팔지 않게 된 셈이라고도 볼 수 있습니다. A씨가 혼인 기간 동안 아파트의 유지에 협력하여 감소를 방지(남편이 회사 생활을 지속하며 돈을 벌어서 아파트를 매도하지 않아도 되게끔 협력함)하게 한 것이고, 아파트 값이 올랐다면 A씨도 아파트 가액의 증식에 협력한 것입니다.

다만, A씨가 양육에 최선을 다했다는 증거와 집안일을 전적으로 담당했다는 증거를 꼼꼼하게 검토한 후 제출하여 가장 적합한 입증을 해내야만 특유재산이 재산분할 대상이 될 것입니다. A씨는 자녀들, 남편의 과거 대화들과 편지 등을 모두 검토하였습니다. 그 중 남편이 A씨에게 양육과 집안일을 전적으로 담당해주어 자신은 일에 전념할 수 있다며 헌신에 감사를 표하는 결혼기념일 편지를 찾았습니다. 그 편지를 제출한 것이 판결문에 기재되었고, 기여도에도 영향을 주었을 만큼 결정적인 증거였습니다. 그 외에도 A씨가 가족들에게 요리해주었던 사진을 모아 제출하였고, 남편이 바쁠 때에도 아이들과 외출을 자주하였던 사진을 수집하여 제출하였습니다.

이로써 재판부는 혼인 당시 아파트의 유지, 증식에 대한 A씨의 기여도를 인정하여 재산분할 대상에 포함시켜 주었습니다. 혼인 당시 구입했던 아파트 외에 혼인 생활을 유지하면서 이룩한 재산은 말할 것도 없이 당연히 부부의 재산분할 대상이 됩니다.

한편, A씨 부부의 이혼 소송이 시작되기 6개월 전, 즉 혼인 파탄 6개월 전 남편이 매입한 새 아파트에 대해서 남편도 신혼집뿐만 아니라 새로 산 아파트 모두 재산분할 대상이 아니라고 주장했고, 법원도 A씨가 기여한 것이 사실상 없다고 판단하고 남편의 특유재산이라고 보아 그 아파트는 재산분할 대상에서 제외했습니다.

> **실무 Tip**
>
> ### 증거의 수집과 검토
>
> 증거 검토와 수집은 너무도 중요한 작업입니다. 이 작업은 **변호사의 경험에 크게 좌우**될 수밖에 없는 부분입니다. 법원의 판결문에는 양측의 입증 과정은 실리지 않기 때문에 소송의 당사자가 아니라면, 소송 중에 어떤 증거를 제출하여 주장을 입증했는지 확인하기는 어렵습니다. 즉, 변호사가 성공하였던 경험에 크게 좌우되는 영역이 증거 수집 과정입니다.

가사·상속 전문 변호사 상담일지 #10

사실혼 관계의 재산분할 시 기준이 되는 시점은 언제인가요?

법무법인(유) 로고스 가사/상속팀 박상홍 변호사

"변호사님, 사실혼이 끝난 뒤 재산분할을 할 때 기준이 되는 시점이 정확히 언제인지 궁금합니다."

2013년 여름, 장례도우미로 일하던 A씨는 상조업체를 운영하던 남편 B씨를 만나게 되었습니다. 만남이 깊어지면서 자연스레 서로의 마음을 알아갔고, 2016년 4월에는 서울 甲구의 빌라를 B씨가 자신의 명의로 취득하며 동거 생활을 시작하게 되었습니다. 다만, 혼인신고는 서로 구속되지 않기를 바라는 마음에 아이가 생기게 될 때까지 미루어 두었습니다.

시간이 흐르며 두 사람은 서로의 동반자로 안정적인 생활을 이어갔습니다. 그러던 2020년의 무더운 여름날, A씨가 B씨와 식당 여종업원 사이의 카카오톡 메시지를 우연히 보고 의심을 품게 되면서 관계가 점차 흔들리기 시작했습니다. 이 사건을 계기로 두 사람은 격렬한 다툼을 벌였고, 결국 A씨가 2020년 8월경 B씨의 예금 통장과 OTP 단말기를 가지고 집을 나가면서 사실혼 관계는 파탄에 이르렀습니다.

그 후 A씨는 단란한 가정이 깨진 원인이 남편에게 있다며 위자료와 재산분할을 지급하라는 소를 제기하였습니다. 사실혼이 종료된 것에 대해서는 양측 모두 이견이 없었지만, 쟁점은 재산분할의 기준 시점과 금액이었습니다. 특히 두 사람의 공동재산 중 가장 가치가 높은 자산인 서울 甲구 소재 빌라의 가액 산정이 관건이였습니다.

1심에서는 소송 중이던 2021년 11월 진행된 감정 결과를 기준으로 빌라의 가치가 약 2억 6,100만 원으로 평가되었습니다. 그러나 2심에서는 새롭게 감정 촉탁이 이루어졌고, 2023년 12월 8일 다시 감정된 빌라의 가액은 3억 5,700만 원이 되었습니다.

B씨는 2심에서 "이 사건 빌라와 비슷한 시기에 동일한 건축주가 인근 부지에서 건축한 빌라가, 2021년 4월경 2억 8,000만 원에 매매된 사례가 있습니다. 그리고 주변 공인중개사들의 의견에 따르면 이 사건 빌라를 빨리 매매할 수 있는 급매 가격은 2억 9,000만 원 내지 3억 원 정도이므로 이 사건 빌라의 감정가가 과대평가되었습니다"라고 주장하였습니다. 하지만 재판부는, 해당 거래 사례는 감정 당시 파악된 다른 사례들과 비교할 때 이례적으로 낮은 단가에 체결된 계약이고, 공인중개사들의 의견은 급매를 전제로 한 것이어서 시가 산정 자료로 삼기에 적절하지 않다며 1심이 아닌 2심에서의 감정 촉탁 결과를 채택하였습니다.

이에 B씨는 사실혼이 파탄된 시점이 2020년 여름임에도 불구하고, 재산분할에 있어서 1심에서의 감정 결과도 아닌 2023년 말에 실시된 감정 시점의 가액을 기준으로 삼는 것이 정당한지 의문을 품게 되었고, 보다 명확한 법적 기준을 확인하고자 상담을 요청하게 되었습니다.

"변호사님, 사실혼이 끝난 시점에 인접한 감정 결과가 아니라, 그보다도 몇 년이나 지나서 실시된 감정의 결과를 기준으로 재산분할을 하는 게 맞는 건가요?"

체크리스트

사실혼 관계

- ✓ 2013년 교제 시작, 2016년 동거 시작 (혼인신고 X)
- ✓ 2020년 여름 불화로 사실혼 파탄, 별거 시작

재산 분할에 대한 쟁점

- ✓ 서울 甲구 빌라 (남편 명의) 시가 산정 시점 다툼
- ✓ 1심: 2021년 11월 감정 2억 6,100만 원
- ✓ 2심: 2023년 12월 감정 3억 5,700만 원

의뢰인의 문의 사항

- ✓ 사실혼 관계에서 재산분할을 할 때, 그 기준이 되는 시점은 언제인가요?

박상홍 변호사의 솔루션

Q 사실혼 관계에서 재산분할을 할 때, 그 기준이 되는 시점은 언제인가요?

A 이에 대해서는 최근 대법원에서 판단한 기준을 살펴볼 필요가 있습니다.

최근 대법원에서는 '**사실혼 해소를 원인으로 한 재산분할에서 분할의 대상이 되는 재산과 액수는 사실혼이 해소된 날을 기준**으로 하여 정하여야 한다. 한편 재산분할 제도가 혼인 관계 해소 시 부부가 혼인 중 공동으로 형성한 재산을 청산·분배하는 것을 주된 목적으로 하는 것으로서, 부부 쌍방의 협력으로 이룩한 적극재산 및 그 형성에 수반하여 부담한 채무 등을 분할하여 각자에게 귀속될 몫을 정하기 위한 것이므로, **사실혼 해소 이후 재산분할 청구사건의 사실심 변론종결 시까지 사이**에 혼인 중 공동의 노력으로 형성·유지한 부동산 등에 발생한 외부적, 후발적 사정으로서, 그로 인한 이익이나 손해를 일방에게 귀속시키는 것이 부부 공동 재산의 공평한 청산·분배라고 하는 재산분할제도의 목적에 현저히 부합하지 않는 결과를 가져오는 등의 **특별한 사정이 있는 경우**에는 이를 **분할대상 재산의 가액 산정**

에 참작할 수 있다'라고 판단을 내렸습니다(대법원 2023. 7. 13. 선고 2017므11856 판결, 대법원 2024. 1. 4. 선고 2022므11027 판결).

즉, 사실혼 해소 후의 재산분할에 있어서는 재판상 이혼과는 달리 분할의 대상이 되는 재산 및 그 가액을 '**사실혼 파탄 시점**'을 기준으로 정하는 것이 통례입니다. 하지만 **사실혼 관계가 파탄된 이후에 재산분할을 법정에서 다투고 있는 도중에 발생한 사유**에 대해서도 사건의 사실심 변론 종결 시까지 사이에 발생한 해당 재산에 대한 외부적, 후발적 사정으로서, 그로 인한 **이익이나 손해를 한쪽 당사자에게만 몰아주는 것이 공평하지 않은 경우**에는 분할대상 재산의 가액을 정할 때 적절히 참고할 수 있는 것입니다.

따라서 위 사안의 경우 혼인 파탄 시기에 상대적으로 더욱 근접한 1심에서의 감정 촉탁 결과인 2억 6,100만 원을 기준으로 재산분할을 하는 것이 원칙이 되겠으며, 그 외 사실혼 해소 이후 2심의 변론종결 시까지 사이에 발생한 사정에 대해서는 예외적으로 한쪽 당사자에게 불공평한 경우에 있어서만 참고될 수 있을 것으로 보입니다.

(실무 Tip)

소 제기 이후 발생한 재산의 변동

재산분할 제도는 이혼 등의 경우에 부부가 혼인 중 공동으로 형성한 재산을 청산·분배하는 것을 주된 목적으로 하는 것으로서, 부부 쌍방의 협력으로 이룩한 적극재산 및 그 형성에 수반하여 부담하거나 부부 공동 생활 관계에서 필요한 비용 등을 조달하는 과정에서 부담한 채무를 분할하여 각자에게 귀속될 몫을 정하기 위한 것입니다.

즉, 부부 일방에 의하여 생긴 적극재산이나 채무로서 상대방은 그 형성이나 유지 또는 부담과 무관한 경우에는 이를 재산분할 대상인 재산에 포함하지 않습니다.

따라서 재판상 이혼에 따른 재산분할에 있어 분할의 대상이 되는 재산과 그 액수는 이혼 소송의 사실심 변론종결일을 기준으로 하여 정하는 것이 원칙이며, 혼인 관계가 파탄된 이후 변론종결일 사이에 생긴 재산 관계의 변동에 대해서는 부부 중 일방에 의한 후발적 사정에 의한 것으로서 혼인 중 공동으로 형성한 재산 관계와 무관하다는 등 특별한 사정이 있는 경우에는 그 변동된 재산은 재산분할 대상에서 제외되도록 적극적인 주장을 펼칠 필요가 있습니다(대법원 2013. 11. 28. 선고 2013므1455,1462 판결).

> 실무 Tip

재산분할 감정에서의 유의 사항

재산분할의 대상이 되는 재산과 액수는 혼인 관계가 해소되는 시점을 기준으로 산정하여야 합니다. 그리고 그 액수에 대해서는 소송 과정에서 감정(촉탁)을 통해 산정되는 경우가 적지 않습니다.

그런데 실무적으로는 재산 가액 산정을 위한 감정 촉탁을 할 때 혼인 관계가 해소된 시점을 기준으로 하여 시가의 산정이 이루어져야 함에도 감정일 현재 시가의 산정이 회신되는 경우가 적지 않고, 상대방 당사자가 이를 문제 삼지 않는 경우 재판부에서도 이를 누락하고 감정일 기준 가액을 기준으로 반영되는 경우가 있습니다.

특히, 제1심과 제2심에서 각각 감정 평가가 진행된 경우, 이런 경우가 많기 때문에 항소심의 당사자와 소송대리인은 불리한 결과가 나오지 않도록 재산분할의 가액 기준일을 꼼꼼히 체크할 필요가 있습니다.

`가사·상속 전문 변호사 상담일지 #11`

바람 핀 남편이 위자료만 줄테니 이혼하자고 하네요.

법무법인(유) 로고스 가사/상속팀 최가경 변호사

"남편이 바람을 피운 건 분명한데, 이혼은 하자면서 위자료만 주겠다고 해요. 재산분할은 귀책사유와 무관하다며 한 푼도 줄 수 없다고 합니다."

여느 날과 같이 평범했던 저녁, A씨는 남편이 평소보다 늦게 귀가하는 것에 대해 단지 이번 시즌에 몰린 일을 잘 처리해 인사고과를 잘 받기 위해 야근하는 것이라고만 생각했습니다. 하지만 이후 남편의 행동에 서서히 변화가 생기기 시작했습니다. A씨는 예전과 다르게 느껴지는 남편에 대해 의구심을 품기 시작했지만, 자신의 불안을 진정시키려 노력했습니다. "여보, 오늘도 늦을 거야?" A씨가 조심스레 물었습니다. "응, 미안. 프로젝트가 좀 복잡해서…" 남편의 목소리는 무거웠습니다.

남편은 프로젝트가 길어졌다는 것을 핑계로 점점 예고도 없이 집에 들어오지 않는 일이 잦아졌습니다. 평소와 다른 남편의 모습에 불안한 마음을 참지 못하게 된 A씨는 남편이 잠든 틈을 타 휴대 전화를 조용히 살펴보았고, 자신이 마주하고 싶지 않던 장면을 두 눈으로 확인하게 되었습니다. 남편이 팀의 동료와 주고받은 정열적인 메시지들, 호텔 예약 내역. 그리고 함께 찍힌 셀카들… 그 순간 A씨의 심장은 철렁 내려앉았습니다.

다음 날, A씨는 눈물을 삼키며 변호사 사무실을 찾았습니다. 남편의 변절에 이혼을 결심했고, 위자료와 재산분할을 모두 청구하기로 마음먹었습니다. 하지만 소장을 받게 된 남편은 적반하장으로 이렇게 말했습니다. "불륜은 내가 했지만, 우리 부부의 재산은 전부 내가 번 돈으로 일군 거야. 위자료 3천만 원은 줄 테니까, 나머진 깨끗하게 내가 갖는 것으로 정리하자."

A씨는 억울했습니다. 정작 부부간의 신뢰를 깨뜨린 사람은 남편인데, 남편을 믿고 기다렸던 지나간 세월이 야속했습니다.

남편을 믿고 결혼 전 다니던 직장을 그만두고, 10년 넘게 집안일과 육아를 전담해 온 자신을 '경제적 기여가 전혀 없는 사람'으로 치부하는 남편의 태도는 큰 상처로 다가왔습니다.

A씨와 B씨의 법정 다툼이 마무리되던 마지막 기일에서, 재판부는 참고서면을 제출할 생각이 있다면 검토하겠으니 제출해도 좋겠다는 말을 남기며 변론절차를 종결하였습니다. A씨가 담당 변호사에게 물어 보니 일반적으로 재판부에서는 적어도 선고기일 1주일 전까지는 판결문을 작성한다고 알려져 있다고 설명했습니다. 그리하여 A씨는 담당 변호사와 상의 끝에, 여유있게 판결 선고기일을 10일 남겨두고 서면을 제출했습니다. A씨는 하고 싶은 말을 재판부에 모두 전달했다고 여겨져 마음이 한결 편했습니다.

그런데 상대방은 선고기일 5일 전에 마지막 서면을 제출했습니다. 아마도 상대방은 재판부가 자신들의 서면을 읽어보지 않거나 읽어보더라도 판결문에 반영하지 않을 수도 있는 리스크를 지고서라도, A씨에게 반박할 시간을 주지 않으려는 의도로 뒤늦게 제출하였던 것으로 보였습니다.

A씨의 변호사는 상대방의 서면을 받자마자 A씨와 함께 주말을 포함한 3박 4일 동안 밤을 새워가며 재반박 서면을 준비했습니다. 이는 재판부가 5일 전 제출한 상대방의 서면을 읽어본다면, 하루 전 제출한 A씨 서면도 읽어줄 것이라 생각했기 때문입니다. 반대로 재판부가 상대방 서면을 읽어보지 않는다면, 우리 서면도 읽어보지 않겠지만, 제출하는 것 자체가 해가 되는 것은 아니니 열심히 작성해서 제출했습니다. 기어코 A씨는 선고기일 하루 전에 상대방의 마지막 주장에 대해 하나하나 재반박한 서면을 법원에 제출하였습니다.

체크리스트

혼인 및 이혼 관계

- ✓ 남편의 외도 정황이 문자, 호텔 예약, 사진 등으로 드러남
- ✓ 남편은 위자료만 지급하고 재산분할은 부정하며 협의 시도

현재 상황

- ✓ A씨는 10년 이상 가사·육아 전담, 경제활동은 하지 않음
- ✓ 남편은 3천만 원 위자료만 지급하겠다며 A씨의 재산분할 기여도 부정
- ✓ A씨는 위자료·재산분할 모두 청구하며 남편 귀책사유 주장

의뢰인의 문의 사항

- ✓ 귀책사유가 있어도 재산분할에는 전혀 영향을 주지 않는다는 남편의 주장이 사실인가요?

최가경 변호사의 솔루션

Q 귀책사유가 있어도 재산분할에는 전혀 영향을 주지 않는다는 남편의 주장이 사실인가요?

A 원칙적으로 혼인의 귀책사유는 재산분할 비율 산정에 직접적인 영향을 미치지 않는다고 알려져 있습니다. 즉, 재산분할은 재산의 형성과 유지에 대한 기여도를 중심으로 판단되며, 불륜 여부는 위자료 판단의 영역으로 보는 것이 일반적입니다. 그러나 부정행위자가 상간자에게 수천만 원에 이르는 돈을 증여하고 함께 상당한 금전을 소비하는 등의 방법으로 부부 공동 재산을 유출시킨 것으로 보이는 경우, 이를 재산분할비율에 반영할 수 있다고 판시한 판례들(서울 고등법원 2023. 1. 26. 선고 2022르23237,23244 판결, 서울고등법원 2023. 2. 9. 선고 2022 르21002 판결)도 존재합니다. A씨의 사건에서도 남편이 상간녀와 오랜 기간 불륜을 유지하면서 고가의 명품을 사주면서 부부 공동 재산을 유출시킨 것이 소송 중에 드러나 A씨는 재산분할을 더 많이 받을 수 있었습니다.

A씨는 혼인 파탄의 책임이 불륜을 저지른 남편에게 있으며, 남편은 가사에 대한 기여가 전혀 없었고, 자신이 폭행을 당하기도

했다는 주장을 구체적인 증거와 함께 재판부에 전달했습니다. 그리고 남편의 불륜이 A씨의 심각한 정신적 고통을 일으켰다는 점을 참고서면으로 다시 한 번 일목요연하게 정리하여 호소하기도 했습니다.

A씨의 남편이 불륜 사실을 순순히 인정하고 있어 법리상은 더 이상 혼인의 귀책사유를 주장할 필요성이 없다고도 볼 수 있지만, A씨는 남편에게 전적으로 혼인의 귀책사유가 있으며 그로 인해 A씨의 정신적 충격이 너무도 크고 인생을 살아나가는 데 너무도 큰 트라우마로 남을 것이라는 점을 소송 끝날 때까지 재판부에 호소한 것입니다.

법원은 남편이 A씨에게 3천만 원 상당의 위자료를 지급할 의무가 있다고 인정해주었음은 물론이고, 그와 별도로 재산분할 비율에 있어서, 내부적으로 예상한 최대치의 기여도였던 20%보다 5%의 기여도를 A씨에게 더 인정해주었습니다.

법원이 남편에게 혼인 파탄의 귀책사유를 엄하게 묻는 취지에서 A씨의 재산분할비율을 재량의 범위 안에서 '암묵적'으로 5% 정도 높여준 것이라고 볼 여지가 있는 것입니다. 물론 위에서 말씀드렸다시피 판결문에는 혼인 파탄의 귀책을 묻는 취지로 재산분할비율을 높였다는 '명시적'인 문구는 기재되지 않았습니다. 이 기여도 상승은 불륜에 대한 법원의 '간접적' 판단으로 받아들일 수 있습니다. 물론 예상 기여도보다 훨씬 많은 기여도(예컨대 50%)를 인정할 경우 그 재량을 현저히 넘어선 판결이 될 수 있기 때문에 그런 법원의 판단은 존재하기 어렵습니다.

A씨의 기여도가 단 5% 정도 올라갔을 뿐이지만, A씨의 사건에서 5%는 1억 원이 넘는 금원이었습니다. A씨는 위자료 3천만 원에 더하여 5%의 기여도가 올라간 금원을 통해, 적은 위자료 액수의 아쉬움을 뒤로할 수 있었고, 판사로부터 위로받은 느낌마저 들었습니다.

> **실무 Tip**
>
> **선고 직전에 제출하는 서면의 판결 반영 여부**
>
> 재판부마다 성향이 달라 일률적으로 말씀드릴 수는 없으나, 재판부가 서면을 판결문에 반영할 시간적 여유를 가져야 하므로 실무적으로 변호사들은 판결 선고 1주일 전에 제출하고 있습니다.
> 하루 전 제출한 A씨의 재반박 서면 내용이 판결문에 그대로 기재되기도 하였을 만큼 A씨의 노력은 성공적인 결과로 마무리되었습니다. 판결이 나올 때까지 최선을 다하는 것이 가장 중요합니다.

가사·상속 전문 변호사 상담일지 #12

유책 배우자인 제가 징역형을 살게 되어도 친권·양육권을 지킬 수 있나요?

법무법인(유) 로고스 가사/상속팀 박상홍 변호사

A씨는 깊은 한숨과 함께 말을 꺼냈습니다. A씨와 아내 B씨는 고등학교 동창으로 오랜 만남 끝에 결혼하여 아이를 낳았지만, 결혼 생활은 성격 차이와 사소한 갈등으로 어려움이 계속되었습니다. 결국 남편 A씨가 첫사랑과의 외도를 저지르게 되면서 부부 관계는 파탄 지경에 이르렀습니다.

아내 B씨는 A씨가 외도를 인정하자 곧장 이혼 소장을 제출하고 친정으로 돌아갔습니다. 당시 아이는 겨우 5살이었고, A씨와 친할머니가 아이를 양육하게 되었습니다. A씨는 자신이 유책 사유가 있음을 인정하면서도 아이에 대한 양육 책임과 애정을 강조하여 법원에 성실한 양육 계획을 제출했고, B씨가 아이에게 큰 관심을 보이지 않은 덕분에 친권과 양육권을 유지할 수 있었습니다.

이혼의 충격으로 아이는 불안 장애까지 겪었으나, 꾸준한 상담과 치료를 받으며 점차 안정을 찾아갔습니다. B씨는 이혼 후 A씨와 몇 번 연락을 주고받다가 이내 연락이 끊겼고, SNS에 새로운 연인과의 행복한 일상을 공개하며 점차 멀어져 갔습니다.

하지만 갑자기 닥친 불행이 A씨의 삶을 또다시 흔들었습니다. 사기죄의 전과로 인해 집행유예의 기간 중에 있었던 A씨는 주변 사람들에게서 빌린 1억 원을 갚지 않았다는 이유로 고소를 당하였고, 결국 또 다시 사기죄로 기소되어 구속이 된 것입니다. 엎친 데 덮친 격으로, A씨가 수감되자마자 B씨는 기다렸다는 듯이 친권자 및 양육권자 변경 청구를 법원에 제기했습니다. '상대방인 남편은 법적으로 자신을 지킬 수 없는 처지입니다. 아이의 미래를 위해서라면, 아내인 청구인이 양육권을 가져야 합니다.'라고 적힌 심판청구서를 받은 A씨는 참담한 심정이었습니다. 아이는 A씨에게 삶의 전부였기에, 아이를 잃을 수 없다는 두려움과 절박함이 밀려왔습니다.

"변호사님, 제가 징역형을 살게 되어도 어떻게든
아이의 친권과 양육권을 지킬 수 있는 방법은 없을까요?"

체크리스트

혼인 및 이혼 관계

- ✓ 결혼 초기부터 갈등 지속, 남편의 외도로 이혼 성립

- ✓ 슬하 자녀 1명(현재 7세, 남편과 친할머니가 양육 중)

- ✓ 이혼 후 남편이 친권 및 양육권 유지 중

현재 상황

- ✓ 남편이 사기죄로 구속 수감되자, 갑자기 아내가 친권자 및 양육권자 변경 청구

- ✓ 수감 상태에서도 친권과 양육권을 유지할 수 있는지 법적 대응 전략 필요

의뢰인의 문의 사항

- ✓ 이혼의 유책 배우자라고 하더라도 아이의 친권과 양육권을 확보할 수 있나요?

- ✓ 친권·양육권자가 수사를 받거나 징역형을 받더라도 아이의 친권과 양육권을 지키는 방법은 무엇인가요?

박상홍 변호사의 솔루션

Q1 이혼의 유책 배우자라고 하더라도 아이의 친권과 양육권을 확보할 수 있나요?

A1 혼인을 파탄시킨 유책 배우자가 반드시 자녀의 친권자 및 양육자로서 부적합하다고 추정되지는 않습니다. 다만 그 유책행위의 내용에 비추어 **미성년 자녀에게 해로운 영향을 미칠 수 있다고 평가되는 경우**(알코올 중독, 마약 중독, 폭력성, 범죄 성향 등)에는 부정적 요소로 될 수는 있습니다.

중요한 것은 부모 중 자녀를 직접(또는 주로) 양육하여 온 쪽이 상대방과 자녀 사이의 관계가 안정적으로 유지될 수 있도록 적극 협력하고 있다면(특히 면접교섭에 협조적이라면) 이는 매우 긍정적 요소로 평가될 수 있다는 것입니다.

Q2 친권·양육권자가 수사를 받거나 징역형을 받더라도 아이의 친권과 양육권을 지키는 방법은 무엇인가요?

A2 남편이 집행유예의 기간 중 다시 사기죄를 범하였고, 편취한 금액이 1억 원이 넘으며 상대방과 그 가족의 경제적 능력을 감안

할 때 피해자와의 합의가 불가능하여 실형 선고가 예상되는 사정은 아이에 대한 친권 및 양육권을 제대로 행사할 수 없다고 볼 사정이 될 수 있습니다.

하지만 이 사건의 경우, 남편이 현재 사기죄로 구치소에 수감되어 있다고 하더라도 수감되기 전부터 남편의 모친(할머니)과 누나(고모) 등 다른 가족의 도움을 받아 이들과 함께 아이를 양육하여 왔고 이들이 아이의 양육을 강하게 원하고 있다는 점, 아내가 이혼 후에는 아이를 만난 적이 별로 없었다는 점, 가정주부인 아내가 생업에 종사할 경우 발생하는 양육자의 공백에 대한 계획을 제시하지 못하고 있는 점 등의 사정을 들어서, 비록 남편이 구치소에 수감되어 있다고 하더라도 남편을 양육자로 지정하고, 양육보조자인 할머니 등이 아이를 계속하여 양육하는 것이 아이의 복리를 위하여 합당하다고 어필할 필요가 있습니다.

> 실무 Tip

가사조사에 대처하는 자세

친권자 및 양육권자 변경 청구에 있어서 종합적인 양육 환경을 파악하기 위해 ① 기본조사 및 자료수집, ② 이혼 이후 현재까지 자녀의 양육 상황, ③ 양 당사자의 주거지, 소득, 양육보조자의 여건 및 장래 양육 계획 등 양육 환경에 관한 조사, ④ 청구인과 상대방 및 자녀의 유대관계 형성의 정도, 친권자 및 양육자 변경에 관한 자녀의 의사, ⑤ 면접교섭 시행 여부 및 장래 면접교섭에 관한 의견, ⑥ 기타 조사관이 필요하다고 판단한 사항 등에 관해서 조사명령이 내려질 수 있습니다. 가사조사보고서의 내용은 심판, 조정의 기초자료가 되므로 면접조사, 심리검사 등에 성실히 응하여 양육 계획 등을 구체적으로 진술하는 것이 좋습니다.

가사·상속 전문 변호사 상담일지 #13

친권자 변경을 하지 않겠다는 서약, 뒤집을 수 없나요?

법무법인(유) 로고스 가사/상속팀 박상홍 변호사

"변호사님, 친권자 변경을 하지 않겠다고 했던 그 서약서,

이제 와서 뒤집을 수는 없나요?"

A씨는 한숨을 내쉬며 말을 시작했습니다. 그는 2009년 아내와 혼인하여 행복한 결혼 생활을 시작했고 곧이어 사랑스러운 딸도 얻었습니다. 그러나 부부 관계는 시간이 지나면서 점점 삐걱거렸고, 2014년에는 돌이킬 수 없을 정도로 악화되었습니다. 결국 협의 이혼을 하면서 아내가 딸의 친권과 양육권을 모두 갖게 되었고, 당시 A씨는 아내의 요구대로 향후 친권자 변경 청구를 하지 않겠다는 서약서까지 작성하게 되었습니다.

A씨는 서약서에 동의할 수 없었지만, 아내가 아이를 어린이집에서 무단으로 데려가버린 상황에서 아이의 정서적 동요를 막고 상황을 안정시키는 게 더 현명한 판단이라고 생각하여 마지못해 서명했습니다. 그런데 협의 이혼 후 불과 4개월 만에 아내는 갑자기 자신의 커리어를 쌓겠다며 미국 유학을 떠났고, A씨에게 약속했던 것과 달리 딸도 함께 데리고 가버렸습니다. 갑작스러운 상황 변화에 A씨는 매주 주말마다 딸을 만나던 소중한 시간을 잃고 말았습니다.

1년 후 추석 연휴가 되어서 A씨는 오랜만에 딸을 만나기 위해 미국으로 날아갔습니다. 그러나 그곳에서 만난 딸은 예전과 너무나 달랐습니다. 밝고 명랑했던 아이는 불안과 우울에 시달리듯이 무기력해 보였습니다. "아빠랑 오랜만에 만났는데 무슨 일 있었니?" 하고 물어도 딸은 쉽사리 입을 열지 않았습니다.

저녁 무렵 함께 공원을 걷던 중, 딸은 몇 번이나 두리번거리며 주변에 아무도 없음을 확인하고서야 어렵게 속마음을 털어놓았습니다. "엄마는 요즘 자주 술에 취해서 늦게 돌아오시고, Smith라는 분과 연구한다고 하면서 거의 같이 지내세요. Smith 아저씨 아들이랑 자주 다투는데, 그 집 식구들이 올 때마다 너무 무섭고 불안해요. 다시 한국에 돌아가고 싶어요." 라며 딸의 눈에는 눈물이 고였습니다.

한국에 돌아온 A씨는 딸의 미국 생활에 대한 걱정으로 깊은 고민에 빠졌습니다. 이제는 사업도 안정되어 아이를 직접 돌볼 여유가 생겼기에 딸의 호소에 더욱 마음이 아팠습니다. 과거에 무심코 동의했던 서약서가 걸림돌이 되겠지만, 아이의 힘겨운 모습을 떠올리니 어떻게든 친권과 양육권을 되찾아 와야겠다는 결심이 확고해졌습니다.

"변호사님, 어떻게 해야 딸을 다시 품으로 데려올 수 있을까요?"

체크리스트

혼인 및 이혼 관계

- ✓ 2009년 혼인, 2014년 협의 이혼
- ✓ 슬하 딸 1명(2010년생, 5세)
- ✓ 협의 이혼 당시 사업으로 바쁜 관계로, 친권과 양육권을 아내가 가지는 것으로 하고, '향후 친권자 변경의 청구를 하지 않는다'는 조건에 동의하였음
- ✓ 당시 아내가 남편과 상의도 없이 아이를 탈취한 정황이 있음

현재 상황

- ✓ 이혼 후 4개월 무렵 전처가 아이를 데리고 미국 유학을 가게 되어, 면접교섭에 지장이 생김
- ✓ 사업이 안정되어 아이의 양육에 보다 시간을 많이 낼 수 있게 된 상황
- ✓ 아이도 외국에서의 쓸쓸한 생활보다 고국에서 아빠와 지내는 것을 더 바라는 것으로 보임

의뢰인의 문의 사항

- ✓ 아이를 상대 배우자가 키우고 있는 상황에서 친권과 양육권을 되찾기 위해서는 어떤 조치를 취해야 하는 것인가요?
- ✓ '향후 친권자 변경의 청구를 하지 않는다'는 조건에도 불구하고, 친권자·양육권자 지정 변경 신청이 가능한가요?
- ✓ 가정법원에서 기존에 아이를 데리고 키우고 있던 어머니가 더 양육에 적합하다고 보지는 않을까요?

박상홍 변호사의 솔루션

Q1 아이를 상대 배우자가 키우고 있는 상황에서 친권과 양육권을 되찾기 위해서는 어떤 조치를 취해야 하는 것인가요?

A1 **친권자 및 양육권자의 변경**을 청구하면서, **양육권 임시지정·유아인도의 사전처분을 신청**하는 방안을 고려할 수 있습니다.

사례와 같이 이혼 당시 자녀의 친권자 및 양육자를 정했더라도 자녀의 복리를 위해 필요한 경우에는 친권자 및 양육자를 변경할 수 있습니다(민법 제837조 제5항, 제843조 및 제909조 제6항). 친권자는 자녀의 4촌 이내의 친족이 가정법원에 지정변경을 청구해서 변경할 수 있으며, 양육자의 변경은 이혼 후 당사자 간 합의로 진행될 수도 있고, 합의가 이루어지지 않는 경우 부(父), 모(母), 자녀 및 검사가 가정법원에 지정 변경을 청구해서 변경하거나 가정법원에서 직권으로 변경할 수도 있습니다[가사소송법 제2조 제1항 제2호 나목 3) 및 5)].

친권자 및 양육권자 변경에 대한 심판이 확정될 때까지는 오랜 시간이 소요됩니다. 그래서 아이의 보호가 시급하여 친권자 및 양육권자 변경 청구인이 아이를 인도받을 필요가 있을 경우에는 양육권 임시지정 또는 유아인도 사전처분 결정을 내려달라고 신청하는 방안을 고려할 수 있습니다. 실무적으로는 자녀의 양육 환경이 갑자기 변하는 것이 아이의 정서에 부정적 영향을 끼칠 수 있으므로, **양육권자로 지정받지 못할 경우 면접교섭권을 폭 넓게 보장해 달라는 취지의 주장도 같이 진행**하고 있습니다.

Q2 '향후 친권자 변경의 청구를 하지 않는다'는 조건에도 불구하고, 친권자·양육권자 지정 변경 신청이 가능한가요?

A2 네, 가능합니다. 앞서 살펴보았듯이 이혼 당시 친권자를 정하였다고 하더라도, 자의 복리를 위하여 필요하다고 인정되는 경우 가정법원은 아이의 4촌 이내 친족의 청구에 의하여 친권자를 변경할 수 있습니다. 이는 미성년자인 아이의 복리를 위한 것이므로 **친권자의 변경에 대한 청구권을 포기하거나 제한하는 내용의 약정**은 민법 제103조의 선량한 풍속 기타 사회질서에 반하는 것이어서 **사법상 효력을 인정할 수 없습니다**(대법원 2019. 11. 28. 선고 2015다225776 판결).

Q3 가정법원에서 기존에 아이를 데리고 키우고 있던 어머니가 더 양육에 적합하다고 보지는 않을지 걱정됩니다.

A3 과거에는 어머니가 아버지에 비하여 적합한 양육자라는 관념이 일반적이었지만, 최근에는 부모의 기회균등을 중시해 단순히 어머니라는 이유만으로 양육에 더 적합하다고 단정짓는 것은 아닙니다.

아이의 **친권과 양육권**을 정하는데 있어서는, 무엇보다도 **아이의 복지에 가장 도움이 되는 방향이 무엇일지**가 중심이 됩니다. 이때, 가정법원에서는 아이의 성별과 연령, 부모의 애정과 양육 의사의 유무는 물론, 양육에 필요한 경제적 능력의 유무, 부모와 미성년인 자 사이의 친밀도는 어떠한지, 아이의 의사 등의 모든 요소를 종합적으로 고려하여 미성년인 아이의 성장과 복지에 가장 도움이 되고 적합한 방향으로 판단하고 있습니다(대법원 2010. 5. 13. 선고 2009므1458,1465 판결).

다만, 현재의 양육상태에 변경을 가하여 다른 부모를 그 친권자 및 양육자로 지정하는 것이 정당하기 위해서는 기존과 같이 계속 양육하게 하는 것이 아이들의 건전한 성장과 복지에 도움이 되지 아니하고 오히려 방해가 되며, 다른 부모가 친권자 및 양육자로 지정되는 것이 아이들의 건전한 성장과 복지에 도움이 된다고 볼 수 있을 정도가 되어야 합니다(이른바 **'계속성의 원칙'**).

그렇기 때문에 이 사안에서는 미국에서 어머니와 지내며 정서적인 불안을 겪고 있는 아이의 상황을 놓고 볼 때, 건전한 성장과 복지에 더 도움이 되는 것은 아버지가 한국에서 애정으로 키우는 것이라는 점을 어필해야 합니다. 특히, 이혼 전에도 아이를 직접 양육한 경험이 있고, 조모 등의 애정과 조력으로 자녀에게 훨씬 더 큰 애정과 관심을 기울일 수 있다는 장점과 양육의지, 양육 계획을 구체적으로 법원에 제시하며 설득할 필요가 있습니다.

아이의 건전한 성장과 복지에 더 도움이 되는 것이 한국에서 아버지와 지내는 것이라는 사실이 명백해진다면, 어린 여자아이의 양육에 어머니가 아버지보다 더 적합할 것이라는 일반적인 고려에도 불구하고 양육자로 지정될 수 있기 때문입니다.

> 실무 Tip

친권·양육권 분쟁에서의 주의 사항

친권자와 양육권자에 관한 문제는 전적으로 아이들에게 더 나은 환경과 미래가 무엇일지에 대한 기준으로 결정이 된다고 해도 과언이 아닙니다. 따라서 아이를 차지하려는 욕심으로 무턱대고 아이를 다그쳐 '엄마가 좋아? 아빠가 좋아?'라는 식의 답변을 유도해서 녹취록을 제출하거나 상대 배우자를 인신공격하는 행위는 절대적으로 지양되어야 합니다.

#01 치매 증세가 있던 아버지의 건물 증여, 어쩌죠?
#02 아버지의 말씀이 유언으로 인정되지 않으면 어떻게 해야 하나요?
#03 부모님을 홀로 모셔도, 상속은 똑같이 하자는데 어쩌죠.
#04 돌아가신 어머니의 예금을 인출하려는데, 은행이 거부합니다.
#05 어머니 생전에 모든 상속재산을 빼돌린 동생, 전 한 푼도 못 받나요?
#06 어머니가 제 딸에게 증여한 수억 원, 제 상속분에 영향이 있나요?
#07 아버지께 받은 강남아파트를 아직도 갖고 있는 동생과 이미 팔아버린 저, 유류분반환금액은 같나요?
#08 어머니가 혼수상태로 지내시다 작고하셨는데 혼수상태 당시 명품 구입 내역이 있습니다.
#09 사실혼 배우자의 사망 시 재산분할청구권과 상속권이 인정되나요?
#10 돌아가신 아버님의 유해를 장남에게서 되찾을 수 있나요?
#11 며느리가 돌보지 않는 손녀, 어떻게 보호해야 하죠?
#12 어머니의 후견인이 되었습니다. 무엇을 해야 하나요?
#13 후견인에 대한 신뢰를 잃었습니다. 어떻게 해야 하죠?

PART 2

상속/후견 상담일지

가사·상속 전문 변호사 상담일지 #01

치매 증세가 있던 아버지의 건물 증여, 어쩌죠?

법무법인(유) 로고스 가사/상속팀 홍예지 변호사

A씨는 15년 동안 공무원인 남편과 함께 늘그막의 부모님을 모셨습니다. 한평생 삼 남매를 위하여 헌신해 오신 부모님께 받은 사랑을 되갚을 수 있어 감사한 나날이었습니다. 그러다 어머니께서 먼저 세상을 떠나셨습니다. 아버지는 어머니와의 이별로 깊은 슬픔에 잠기셨고, 텅 빈방에 홀로 앉아 아무런 말씀을 하지 않으신 채 끼니까지도 거르시는 날들이 반복되기 시작했습니다.

배우자를 잃은 상실감에서 좀처럼 벗어나지 못하시는 아버지가 걱정되었던 A씨는 동생들과 함께 아버지가 바깥 활동을 하실 수 있도록 설득하였습니다. 거듭되는 자녀들의 권유에 따라 아버지는 어머니와 함께 일궈 온 시가 120억 원 상당의 상가 건물의 임대 관리를 다시 시작하셨고, 다행히도 조금씩 기운을 차리셨습니다.

그러던 중 A씨는 아버지(당시 70대 후반)가 2019년 늦가을경부터 상가 임차인 중 한 명인 50대 여성 B씨와 마치 연인처럼 가깝게 지낸다는 사실을 알게 되었습니다. 상가 임차인들 사이에서 'B씨는 돈을 무척 밝힌다'는 이야기를 들었던 기억이 있기에 A씨는 순간 걱정이 되었지만, 아버지가 활기를 되찾고 있었고 A씨가 아버지를 계속하여 모시고 있었기에 큰 문제는 없을 것이라 생각했습니다.

하지만 1년 6개월이 지난 후, A씨는 또 다른 임차인으로부터 충격적인 소식을 듣게 되었습니다. 아버지가 B씨를 입양했다는 것입니다. 놀란 A씨는 동사무소에 찾아가 아버지의 가족관계증명서를 확인했고, 서류에는 정말로 B씨가 아버지의 자녀로 기재되어 있었습니다. 도대체 어떻게 된 일인지 A씨는 동생들과 함께 아버지에게 물었지만, 아버지는 불같이 화만 내시며 대화를 거부하였습니다.

아버지는 차분하고 이성적이며 냉철했던 분이셨습니다. 그런데 어느 순간부터 벌컥 화를 내시는 일이 잦아지고, 불과 며칠 전에 있던 일도 기억하지 못하거나 시간을 명확히 인식하지 못하는 아버지의 모습을 보며 A씨는 무척 염려가 되었습니다. 그러던 중, 갑작스레 아버지의 상가까지 B씨에게 증여되었고, B씨는 새로이 임대차 계약을 체결하고자 임차인들과의 접촉을 시도하였습니다.

A씨는 더 이상 가만히 손 놓고 바라볼 수 없다고 판단했습니다. 이에 동생들과 논의한 끝에 법적 조치를 취하기로 결심하였습니다. 아버지가 공식적으로 치매를 진단받지 않은 상태임이 마음에 걸렸지만, 아버지와 그 재산을 지키는 방법을 찾고자 로펌으로 발걸음을 내디뎠습니다.

체크리스트

가족관계 및 재산 현황

✓ 사건본인: 박노부(1943년생)

✓ 가족관계증명서상 자녀: 박장녀(A씨), 박장남, 박차남, 나양녀(B씨)

✓ 사건본인의 재산: 현금 및 예금채권, 아파트 2개, 상가 3개 등

✓ 다수의 부동산 임대 사업을 해온 재력가

현재 사항

✓ 2020년 2월경부터 치매증세를 자주 보임. 공식적인 치매 진단 無

✓ 2020년 11월경 B씨를 양자로 입양

✓ 친자녀들이 모르는 상태에서 2021년 12월경 사건본인의 상가 중 1개(120억 원 상당)가 B씨에게 증여되었음. 상당한 현금도 증여된 정황이 있다고 함

의뢰인의 문의 사항

✓ 아버지의 상가 건물이 이미 B씨에게 증여된 상황에서, 아버지와 재산을 보호하기 위해서는 어떠한 조치를 취할 수 있을까요?

✓ 아버지가 의학적으로 치매를 진단받은 적이 없는데, 법원으로부터 아버지의 정신 이상을 인정받을 수 있을까요?

✓ 친자녀인 저도 아버지의 후견인이 될 수 있나요?

홍예지 변호사의 솔루션

Q1 아버지의 상가 건물이 이미 B씨에게 증여된 상황에서, 아버지와 재산을 보호하기 위해서는 어떠한 조치를 취할 수 있을까요?

A1 아버지의 정신적 능력의 제약 정도에 따라 성년후견, 한정후견, 특정후견 중 하나의 유형을 선택하여 후견(後見)개시심판을 청구해야 할 것입니다(민법 제9조, 제12조, 제14조의2).

가정법원은 반드시 청구받은 유형에 따른 심판을 해야 하는 것은 아니지만 후견개시심판을 함에 있어 '**후견을 받게 될 사람이나 그 친족의 의사**'를 우선적으로 고려해야 하므로, 아버지의 정신적 능력에 대해 꼼꼼히 살펴본 후, 처음부터 상황에 알맞은 유형을 선택하여 후견 심판을 청구하는 것이 중요합니다.

한편, 법원의 상황 및 친족 간 갈등의 정도에 따라 후견개시심판 확정까지 상당한 시간이 소요될 수 있습니다. 이에 A씨의 사건과 같이 추가적인 재산 유실 방지 등 당사자 보호가 시급한 경우, 사건의 해결을 위해 **임시후견인 선임 사전처분을 함께 신청하는 것**도 가능합니다(가사소송법 제62조). 임시후견인은 후견개시심판 절차가 종료될 때까지 법원이 결정한 범위 내에서 아버지의 법정대리인 역할을 하게 되므로, 긴급히 재산 관리 또는 신상 보호를 위해 필요한 일들을 처리할 수 있게 됩니다. 다만, 후견 제도는 기본적으로 '**정신적 제약이 있는 사람의 의사결정과 그 실현을 보호하고 지원하기 위한 제도**'이므로, 실무적으로 후견 사건에서 특히 재산 문제와 관련된 주장을 할 때에는 오해가 없도록 세심한 주의가 필요합니다.

이에 더하여 A씨가 B씨에게 증여된 상가 건물의 소유권까지 되찾아오기 위해서는 임시후견 결정이나 후견 심판이 확정되고 난 후, 선임된 후견인의 도움을 받거나 직접 후견인의 지위에서 아버지를 위해 증여 무효 확인 등 재산을 되찾기 위한 소송을 진행해 볼 수도 있습니다.

Q2 아버지가 의학적으로 치매를 진단받은 적이 없는데, 법원으로부터 아버지의 정신 이상을 인정받을 수 있을까요?

A2 네, 인정받을 수 있습니다.

아버지의 정신 이상 증세를 확인할 수 있는 녹취록이나 동영상, 의무기록 사본 등을 법원에 증거로 제출하면서 **정신감정을 신청**할 수 있습니다. 나아가 법원이 판단하기에 위와 같이 제출한 증거가 적절하며 그 양도 충분하다면, **의사의 감정이 없이도** 후견개시심판이 이루어질 수도 있습니다(가사소송법 제45조의2, 대법원 2021. 6. 10. 선고 2020스596 판결).

Q3 친자녀인 저도 아버지의 후견인이 될 수 있나요?

A3 네, 될 수 있습니다.

대표적으로 친족, 전문가, 법인이 후견인으로 선임될 수 있고, 성년후견인의 경우에는 여러 명의 후견인이 선임될 수도 있습니다(민법 제930조 3항, 제936조). 가정법원은 이 중 '후견을 받게 될 사람의 의사에 가장 부합하는 자'를 후견인으로 결정하는데, 기본적으로 민법에 규정된 9가지의 결격사유가 없는 자이어야 합니다.

다만, 현실적으로 후견을 받게 될 사람의 진정한 의사가 무엇인지 파악하는 일은 쉽지 않으므로, 가정법원은 위 사람이 과거 작성해 둔 문서나 영상, 친족의 진술, 재산상황이나 경제형편, 유대관계, 후견인후보자의 직업 등 여러 요소를 종합적으로 고려하여 후견인을 결정하고 있습니다.

본 사건의 경우 15년 동안 공무원인 배우자와 함께 아버지를 모신 전업주부 A씨가 후견인후보자가 되는 것이 가장 적합해 보입니다. 이를 위해서 법원에 '(1) A씨가 장기간 아버지를 모시고 살았기에 아버지와의 정서적 유대감이 가장 깊으며, (2) 전업주부이기에 긴급한 상황에 신속한 대처가 가능하고, (3) A씨 배우자의 직업 특성상 가정형편도 안정되어 있다는 점 등'을 구체적으로 제시하여야 할 것입니다. 다만, 우리 법원은 친족 간 분쟁이 극심한 사건인 경우, 대체로 객관적인 지위에 있는 전문가를 후견인으로 선임합니다.

> **실무 Tip**
>
> **후견의 필요성을 뒷받침할 수 있는 증거**
>
> 후견은 단순히 '진단서'만을 근거로 개시되지 않습니다. 법원은 실제로 피후견인의 의사결정 능력 저하가 있었는지를 종합적으로 판단하므로, 의무기록 외에도 생활 기록 전반을 폭넓게 수집하는 것이 중요합니다. 복약기록, 일상 대화 녹음, 가족의 관찰 메모, CCTV 영상 등 실제 일상에서의 판단력 저하를 보여주는 간접 증거 또한 결과에 중요한 영향을 줄 수 있으므로 이를 사전에 충분히 확보해두는 것이 좋습니다.

가사·상속 전문 변호사 상담일지 #02

아버지의 말씀이 유언으로 인정되지 않으면 어떻게 해야 하나요?

법무법인(유) 로고스 가사/상속팀 박상홍 변호사

"변호사님, 아버지께서 생전에 하신 말씀을 영상으로 녹화해 두었는데, 이것이 유언으로 인정되지 않는다면 증여로 볼 수 있을까요?"

A씨는 신중한 표정으로 말을 꺼냈습니다. 6남매의 장남인 A씨는 어릴 적부터 가족의 기대를 받으며 자랐습니다. A씨의 아버지는 늘 주변에 A씨를 '우리 가문을 이끌 아이'라고 자랑하시곤 했고, 그 기대에 부응하여 A씨는 미국 유학 후 유명 공과대학의 교수직을 맡으며 성공적으로 자리를 잡았습니다. 외국에 살면서도 늘 부모님께 먼저 연락드리고 명절마다 한국을 찾

던 효자였습니다.

그러던 2021년 봄, 정정하시던 아버지의 건강이 급격히 악화되었습니다. A씨는 안식년을 이용해 귀국길에 올랐고 곧바로 병원으로 달려와 지극정성으로 아버지의 곁을 지키며 간호하였습니다. A시의 지극정성이 통한 것인지 그해 12월, 한파가 몰아치던 날이었음에도 불구하고 며칠간 의식 없이 누워 계시던 아버지께서 문득 눈을 뜨셨습니다. A씨는 급히 남동생인 B씨와 다른 누이들에게 연락을 돌렸지만, 다들 바쁘다며 나중에 아버지의 말씀을 전해 달라는 답변만 돌아왔습니다.

결국 아버지는 A씨에게만 마지막 유지를 전하셨습니다. "충북 충주시의 선산과 전답 2,000평, 서울 역세권의 상가 건물을 너와 네 동생 B가 절반씩 나누고, 누나들에게는 각 3,000만 원씩 주어라." A씨가 그 모습을 급히 휴대폰으로 녹화한 뒤, 아버지는 "이제 다 된 것이지?"라는 말씀과 함께 다시 의식을 잃으셨고, 얼마 지나지 않아 영면하셨습니다.

장례식이 끝난 뒤, A씨는 녹화된 유언을 다른 형제자매에게 보여주었습니다. 그러나 누나들은 "동영상으로 녹화된 유언은 법적으로 인정되지 않는다", "요즘 세상에 남자들에게만 재산을 몰아주는 것은 불공평하다"며 반발했고, B씨마저 누나들의 편에 섰습니다. A씨는 일단 장례식을 끝내고 이야기를 다시 해보자고 이야기를 마무리 지었습니다.

장례를 치르고 미국으로 돌아가기 전, A씨가 아버지의 재산관계를 확인해 보니 이미 누이들이 자신들의 법정상속분만큼 지분등기를 마친 것을 알게 되었습니다. 이에 A씨는 녹화된 아버지의 말씀을 유언으로 인정받지 못할 경우, 이를 근거로 생전에 아버지께서 자신에게 재산을 증여한 것으로 볼 수 있는지에 대해 법적 자문을 받게 되었습니다.

"변호사님, 아버지께서 마지막으로 하신 이 말씀을 법적으로 인정받을 방법이 없을까요?"

체크리스트

가족관계

- ✓ 장남 A씨, 남동생 B씨, 누이들 총 6남매
- ✓ 어머니는 작고하셨고, 아버지도 최근 영면에 드심

현재 상황

- ✓ 아버지 생전에 동영상으로 유언 녹화 (부동산 및 재산 분배 언급)
- ✓ 누나들과 B씨가 녹화된 유언의 효력을 인정하지 않음
- ✓ 일부 상속인들은 법정상속분대로 상속 부동산에 대한 지분 등기 완료
- ✓ 유언의 법적 효력 또는 생전 증여 인정 가능성에 대한 법적 검토 필요

의뢰인의 문의 사항

- ✓ 유언의 방식에 있어 유의해야 할 사항이 무엇인가요?
- ✓ 아버지의 생전 말씀이 유증으로 인정되지 않는다고 한다면, 사전에 증여하신 것으로 볼 수는 없나요?

박상홍 변호사의 솔루션

Q1 유언의 방식에 있어 유의해야 할 사항이 무엇인가요?

A1 유언은 민법이 정한 방식에 따르지 아니하면 효력이 발생하지 않습니다(이른바 '**유언의 요식성**', 민법 제1060조). 이렇게 규정하고 있는 취지는 유언이 유언자의 진의인지 아닌지, 유언이 과연 실제로 존재하는지 등 유언의 진위를 명확히 하여 피상속인의 사망 이후 분쟁과 혼란을 피하기 위한 것입니다.

구체적으로 **민법이 정하고 있는 유언의 방식**을 살펴보면 1) 자필증서, 2) 녹음, 3) 공정증서, 4) 비밀증서, 5) 구수증서 5가지가 있습니다(민법 제1065조).

1) **자필증서**에 의한 유언은 유언자가 그 전문과 연월일, 주소, 성명을 직접 작성하여 날인까지 마쳐야 합니다(민법 제1066조 제1항). 따라서 유언자의 필적을 알 수 없는 다른 사람에게 받아 쓰도록 한 증서나 타자기·컴퓨터로 작성한 것은 자필증서에 의한 것이라고 볼 수 없습니다(대법원 1998. 6. 12. 선고 97다38510 판결).

2) **녹음**에 의한 유언은 유언자가 자신의 육성으로 유언의 취지와 그 성명, 연월일을 구술하여 녹음하고, 증인이 이에 참여

하여 유언의 정확함과 그 성명을 구술해야 합니다(민법 제1067조). 녹음 외에 영상녹화물이라도 무방하나, 적어도 1인 이상의 증인이 요구된다는 점을 유의해야 합니다.

3) **공정증서**에 의한 유언은 유언자가 증인 2인이 참여한 공증인의 면전에서 유언의 취지를 구수하고, 공증인이 이를 필기·낭독하여 유언자와 증인이 그 정확함을 승인한 후 각자 서명 또는 기명날인하여야 합니다(민법 제1068조).

이는 유언자의 구수(口授), 즉 유언자가 직접 말을 하여 전달하는 행위가 반드시 있어야 하므로, 반혼수상태에서 공증인이 묻는 말에 끄덕거리는 정도로는 그 효력을 인정받을 수 없습니다(대법원 1996. 4. 23. 선고 95다34514 판결 등).

하지만 공증인이 유언자의 의사에 따라 유언의 취지를 작성하고 그 서면에 따라 유언자에게 질문을 하여 유언자의 진의를 확인한 다음 유언자에게 필기된 서면을 낭독하여 주었고, 유언자가 그 취지를 정확히 이해할 의사식별능력이 있고, 유언의 내용이나 유언 경위에 비추어 유언 자체가 유언자의 진정한 의사에 기한 것이라고 인정할 수 있는 경우에는 '구수'의 요건을 갖추었다고 보고 있습니다(대법원 2008. 8. 11. 선고 2008다1712 판결 등).

4) **비밀증서**에 의한 유언은 유언자가 필자의 성명을 기입한 증서를 엄봉날인하고, 자기의 유언서임을 표시한 후 그 표면에

제출연월일을 기입하고, 유언자와 증인이 각자 서명 또는 기명날인하는 방식에 의한 유언을 말합니다(민법 제1069조 제1항). 이때 유언봉서는 그 표면에 기재된 날부터 5일 내에 공증인 또는 법원서기에게 제출하여 그 봉인상에 확정일자인을 받아야 합니다(민법 제1069조 제2항).

5) **구수증서**에 의한 유언은 질병 기타 급박한 사유로 인하여 다른 유언방식을 이용할 수 없는 때에 한하여 이용할 수 있는 유언방식입니다(민법 제1070조). 따라서, 그 증인 또는 상속에 따른 이해관계인은 급박한 사유의 종료한 날로부터 7일 내에 법원에 검인을 신청하여야 합니다(민법 제1070조 제2항).

이 사안에서 A씨가 아버지의 말씀을 녹화한 것은 A씨 외 다른 증인이 참여하지 않은 상태였기 때문에 '녹음에 의한 유언'이라 할 수 없고, '구수증서에 의한 유언'이라고 볼만한 급박한 사유가 인정되기 어려울 뿐 아니라 검인 신청도 이루어지지 않았으므로, 효력 있는 유언이라고 보기는 어렵습니다.

Q2 아버지의 생전 말씀이 유증으로 인정되지 않는다고 한다면, 사전에 증여하신 것으로 볼 수는 없나요?

(A2) 유언으로 재산을 상속받는 것을 유증을 받았다고 표현합니다. 즉, **유증**은 유언으로 수증자에게 일정한 재산을 무상으로 주기로 하는 행위로써 상대방 없는 단독행위에 해당합니다. 한편, 생전에 증여계약을 체결해 두고 그 효력이 증여자의 사망 시부터 발생하는 것으로 정하는 것을 **사인증여**라고 합니다.

사인증여는 증여자가 생전에 무상으로 재산의 수여를 약속하고 증여자의 사망으로 그 약속의 효력이 발생하는 증여계약의 일종으로 증여자와 수증자 사이에 청약과 승낙에 의한 의사합치가 있어야 하는 점에서 단독행위인 유증과 구별됩니다(대법원 2001. 9. 14. 선고 2000다66430, 66447 판결 등 참조). 엄밀하게는 '**계약**'에 해당하므로, 증여자와 수증자 사이에 청약과 승낙에 의한 **의사 합치**가 필요합니다.

그렇다면 유언자가 자신의 상속인인 여러 명의 자녀들에게 재산을 분배하는 내용의 유언을 하였으나 유언의 방식에 관한 요건을 갖추지 못하여 유언의 효력이 부정되는 경우, 유언을 하는 자리에 동석하였던 일부 자녀와의 사이에서만 '청약'과 '승낙'이 있다고 보아 사인증여로서의 효력을 인정할 수 있을까요?

과거에는 유언 현장에 입회하였다는 점을 사인증여로서의 승낙을 인정하는 근거로 삼는 경우도 있었습니다. 하지만 만약 그렇게 효력을 전환하는 것을 쉽게 인정한다면, 자신의 재산을 배우자와 자녀들에게 모두 배분하고자 하는 망인의 의사에 부합하지 않고 그 자리에 참석하지 않았던 나머지 상속인들과의 형평에도 맞지 않는 결과가 초래될 우려가 있습니다.

따라서 이러한 경우 **유언자**인 망인과 **일부 상속인**인 원고 **사이에서만 사인증여로서의 효력**을 인정하여야 할 특별한 사정이 없는 이상 그와 같은 효력을 인정하는 것에는 **신중**을 기해야 합니다(대법원 2023. 9. 27. 선고 2022다302237 판결).

A씨의 경우에는 동영상 파일에 의하더라도, 아버지께서 유언 내용을 읽다가 "그럼 이제 다 된 것이지?"라고 하였을 뿐 A씨가 답변을 하는 등 아버지의 말씀을 승낙했다고 볼 만한 부분은 없습니다. 게다가, '유언'이 효력이 없게 되는 경우 다른 자녀들과 무관하게 A씨에 대해서만은 자신의 구술대로 재산을 분배해 주겠다는 의사를 아버지께서 확실히 표명하였다고 볼 다른 증거도 부족한 상황입니다. 따라서 안타깝지만 A씨의 경우, 유언 또는 사인증여를 주장하여 동영상에 녹화된 대로 상속재산을 소유하기에는 어려움이 있습니다.

> **실무 Tip**
>
> ## 유언 작성 시의 유의 사항
>
> 자필증서에 의한 유언의 경우에는 증인이 필요하지 않지만, 그 밖의 방식에 의한 유언에는 반드시 증인이 있어야 합니다. 따라서, 녹음유언·공정증서유언·비밀유언·구수유언을 하려는 유언자는 증인(녹음유언은 1명, 나머지는 2명 이상)을 미리 섭외해야 합니다.
>
> 한편, 미성년자, 피성년후견인과 피한정후견인, 유언으로 이익을 받을 사람과 그의 배우자 및 직계혈족은 증인결격자로서 유언의 작성에 참여하지 못합니다. 그 외, 공정증서에 의한 유언의 경우에는 증인결격자 여부 이외에도 검토할 사항이 있어, 유언의 방식으로 상속을 준비할 때에는 상속 전문 변호사의 자문을 받을 것을 권해드립니다.

가사·상속 전문 변호사 상담일지 #03

부모님을 홀로 모셔도, 상속은 똑같이 하자는데 어쩌죠.

법무법인(유) 로고스 가사/상속팀 박상홍 변호사

"교통사고 후유증을 겪고 계시던 아버지를 힘겹게 홀로 모셨는데, 코빼기도 비치지 않던 다른 형제자매들이 이제 와서 상속은 법적으로 똑같이 받아야 하는 것 아니냐고 큰 소리를 치고 있는데, 제 노력을 제대로 인정받기 위해서는 어떻게 해야 하나요?"

2007년 어느 겨울밤, A씨의 전화기가 울렸습니다. 수화기 너머로 들려온 소식은 그의 인생을 완전히 뒤바꿔놓았습니다. 아버지가 횡단보도를 건너다 대형 트럭과 부딪혔다는 것이었습니다. 병원 복도를 뛰어가는 A씨의 발걸음은 무거웠고, 수술실 앞

의자에 주저앉은 그의 어깨는 천근만근이었습니다.

  희망을 가지고 수술실 곁을 지켰던 A씨의 기도가 무색하게, 아버지는 장해 2급 판정을 받게 되었습니다. 평생 타인의 도움 없이는 일상생활조차 어려운 상태가 되신 것입니다. 이윽고 아버지를 부양하기 위한 대책을 논의하는 가족회의가 열렸습니다. 하지만 남동생은 고개를 떨구며 말했습니다. "형, 지금 우리 사정이 너무 어려워서 간병을 도울 수가 없어…" 누나도 역시 난처한 얼굴로 현실적인 어려움을 토로했습니다. 결국 A씨와 아내는 깊은 대화를 나눈 끝에 아버지를 모시기로 결심했습니다.

  그렇게 시작된 간병은 어느덧 10년을 훌쩍 넘었고, 긴 시간이었지만 A씨는 하루하루를 묵묵히 아버지를 위해 헌신하였습니다. 언제 어떤 일이 발생할지 모르는 상황 속에서, 애지중지하며 일구어 왔던 이삿짐센터 사업을 정리해야 했고 틈틈이 용달 일로 벌어들이는 수입으로 생활을 겨우 꾸려나갔습니다. 게다가, 아버지의 부동산을 관리하면서 세입자들에게 전세금을 반환하기 위해, 저축해두었던 9,000만 원을 선뜻 내놓기도 했습니다. 그렇게 오로지 아버지만을 위한 삶을 살며 병원과 집을 오가는 일상이 반복되었습니다.

하지만 세월의 흐름은 누구도 거스를 수 없었습니다. 아버지의 건강은 날로 악화되었고, 결국 A씨도 더는 손을 쓸 수 없게 되어 요양원으로 아버지를 모시게 되었습니다. 그리고 얼마 지나지 않아 아버지는 세상을 떠나셨습니다.

아버지의 장례 이후 상속 문제를 논의하기 위해 모인 자리에서 동생은 날카로운 목소리로 말했습니다. "형님, 아버지 통장에서 9,400만 원을 빼낸 거... 설명해 주실 수 있나요? 그리고 아버지 처음 사고 나셨을 때 보험금으로 2억 원 받으신 거... 왜 우리한테는 숨기셨나요?" A씨는 가슴 한켠이 무너져 내리는 것을 느꼈습니다. 10년간의 헌신이 단순한 숫자로 환산되어 의심받는 현실이 너무나 고통스러웠습니다. "그건 내가 아버지 재산 관리하면서 썼던 돈을 돌려받은 거야... 그리고 보험금은 모두 아버지를 간병하고 생활하는 데 들어갔다. 너도 이 생활이 얼마나 힘든지 잘 알잖니!"

A씨는 은행에서 돈을 인출한 것은 자신이 아버지 명의 재산을 유지하던 과정에서 쓰였던 돈을 되찾은 것에 불과하다고 생각했습니다. 그리고 A씨가 아버지를 위해서 헌신한 세월과 노력에 대해서는 외면한 채 고작 예금 인출에 대해서 따지고 드는

형제자매들이 야속하기만 했습니다. 이런 상황에서 A씨는 자신의 오랜 세월 노력한 간병 생활을 인정받을 수 있는 방안이 있는지 상담받기 위해 상속 전문 변호사를 찾게 되었습니다.

"변호사님, 제가 아버지를 오랫동안 모셨는데,
다른 형제들이 이제 와서 법대로만 나누자고 합니다.
제 노력을 제대로 인정받을 수 있는 방법이 있을까요?"

체크리스트

가족관계

- ✓ 남동생 1명, 누이 1명 존재
- ✓ 부친의 교통사고 후 장해 2급 판정 → 장남 A씨가 약 10년 이상 간병
- ✓ 이삿짐센터 사업 정리 후 간병 전념

현재 상황

- ✓ 부친 사망 전 부친의 부동산 관리를 반환 위해 본인 저축 9천만 원 지출
- ✓ 부친 사망 후 상속 분쟁 발생
- ✓ 간병비 명목으로 인출한 9,400만 원 및 보험금 2억 원 사용 내역 문제 삼음
- ✓ 장남으로서 기여분 인정 가능성에 법적 검토 요청

의뢰인의 문의 사항

- ✓ 기여분의 개념과 판단 기준이 어떻게 되나요?

박상홍 변호사의 솔루션

Q 기여분의 개념과 판단 기준이 어떻게 되나요?

A 민법 제1008조의2가 정한 **기여분 제도**는 공동상속인 중에 상당한 기간 동거·간호 그 밖의 방법으로 피상속인을 특별히 부양하였거나 피상속인의 재산의 유지 또는 증가에 관하여 특별히 기여하였을 경우 이를 상속분 산정에 있어 고려함으로써 **공동상속인 사이의 실질적 공평을 도모하려는 제도**입니다. 기여분을 인정받기 위해서는 공동상속인 사이의 공평을 위하여 상속분을 조정하여야 할 필요가 있을 만큼 **피상속인을 특별히 부양**하였다거나 **피상속인의 재산의 유지 또는 증가에 특별히 기여**하였다는 사실이 입증되어야 합니다(대법원 2014. 11. 25.자 2012스156, 157 결정 참조).

이때, **배우자**가 장기간 피상속인과 동거하면서 피상속인을 간호한 경우 부부 사이에는 제1차 부양의무가 있기 때문에, 이를 넘어서 **'특별한 부양'**에 이르는지 여부를 살펴보아야 합니다. 가정법원에서는 동거·간호의 시기와 방법 및 정도뿐 아니라 동거·간호에 따른 부양비용의 부담 주체, 상속재산의 규모와 배우자에 대한 특별수익액, 다른 공동상속인의 숫자와 배우자의 법정상속분 등 일체의 사정을 종합적으로 고려하여 다른 성년인 자녀 등과 같은 공동상속인들 사이의 실질적 공평을 도모하기 위하여 배우자의 상속분을 조정할 필요성이 인정되는지 여부를 엄격하게 가려서 기여분 인정 여부와 그 정도를 판단하고 있습니다.

한편, **성년인 자(子)**가 부양의무의 존부나 그 순위에 구애됨이 없이 스스로 장기간 그 부모와 동거하면서 생계 유지의 수준을 넘는 부양자 자신과 같은 생활 수준을 유지하는 부양을 한 경우 부양의 시기·방법 및 정도의 면에서 각기 특별한 부양이 된다고 보아 각 공동상속인 간의 공평을 도모한다는 측면에서 그 부모의 상속재산에 대하여 대체로 기여분을 인정하고 있습니다(대법원 1998. 12. 8. 선고 97므513, 520, 97스12 판결 참조). 자녀의 경우에는 망인의 배우자와는 달리, **제1차 부양의무를 지지 않기 때문에 배우자에 비해 비교적 완화해서 기여분의 인정 여부를 판단**하고 있는 것입니다.

사안의 경우, 장남인 A씨가 망인을 모시며 진료비를 부담하고 병원 치료를 받게 하는 등의 생활을 한 것은 기본적으로 다른 공동상속인들에 비하여 특별한 부양을 한 것으로 볼 사정이 충분히 된다고 보입니다. 게다가, A씨가 자기의 재산을 출연한 것으로서 상속 대상 부동산의 유지에 특별히 기여하였다고 볼 사정이 될 수 있습니다. 다만, 망인의 건강 상태와 인출 시기, 그리고 인출 액수 등에 비추어 볼 때 A씨는 아버지 명의의 계좌를 실질적으로 관리면서 개인적인 목적으로 인출하였다고 판단될 가능성도 배제할 수 없습니다. 따라서 구체적으로 그간 A씨가 자신 또는 아버지 명의의 계좌에서 진료비와 생활비를 어떻게 지출해 왔는지를 명확히 정리해서 대응할 필요가 있습니다.

> 실무 Tip
>
> **기여분 주장에 있어서의 유의 사항**
>
> 상속재산분할 시 장기간 간병과 부양에 대한 기여분 주장을 하기 위해서는 간병 기간, 경제적 부담, 실질적 기여 정도 등을 입증하는 자료의 확보가 가장 중요합니다.

가사·상속 전문 변호사 상담일지 #04

돌아가신 어머니의 예금을 인출하려는데, 은행이 거부합니다.

법무법인(유) 로고스 가사/상속팀 성진원 변호사

　장남인 A씨는 오랫동안 병든 어머니를 지극정성으로 모셨습니다. A씨를 제외한 다른 자식들은 해외에서 거주하거나, 경제적인 형편이 좋지 않다는 이유로 어머니를 모시는데 그 어떠한 도움도 주지 않았지만, A씨는 별다른 불만 없이 어머니를 봉양했습니다. 이후 A씨의 어머니는 끝내 지병인 암으로 사망하였고, A씨를 비롯한 삼 형제는 어머니의 장례를 치른 후 모여 상속재산을 어떻게 나누어 가질지 의논하였습니다.

　생전 A씨의 어머니께서는 자신을 헌신적으로 봉양한 장남 A씨에게 아파트 한 채를 남기고, 아파트를 제외한 예금 등 재산은 삼 형제가 똑같이 나누어 가지라는 내용의 유언을 남겼습니다. 이에 A씨는 어머니의 유언대로 상속재산을 나누어 갖자고 제안하였지만, A씨의 동생들은 유언 내용에 불만을 갖고 유언장의 필체가 어머니 것이 아닌 것 같다고 주장하면서 A씨에게 아파트 지분을 일부 나누어주지 않으면 소송도 불사하겠다고 하였습니다.

A씨는 동생들을 설득하려고 하였지만, 결국 어머니의 재산을 두고 삼 형제 간에 소송이 시작되었습니다. A씨는 그간 어머니를 모시고 장례를 치르면서 당장 쓸 돈이 부족해진 상황이었기에 급한 대로 어머니 명의 은행 예금 중 A씨의 지분에 해당하는 금원을 인출하여 소송비용을 마련하고자 했습니다.

그런데 A씨가 어머니의 유언장을 들고 은행에 가서 예금 인출을 요구하자, 은행으로부터 돌아온 답변은 '공동상속인 전원의 동의서'가 없으면 인출이 불가능하다는 것이었습니다. A씨는 유언장 내용을 다시 보여주면서 예금 재산의 경우 삼 형제가 똑같이 나누어 받기로 되어있으므로 자신의 지분에 해당하는 예금을 인출해달라고 요구하였으나, 은행에서는 다른 내용의 유언이 존재하거나, 향후 상속재산분할 심판으로 인해 상속분이 달라질 수 있다는 이유로 지급을 거절하였습니다.

A씨는 결국 예금 인출에 실패하였고, 상속재산분할 심판 청구 소송 의뢰와 함께 어머니 명의 예금을 인출할 방법이 없는지 문의하기 위해 저희 법무법인에 찾아오시게 되었습니다.

체크리스트

당사자 관계

✓ 2024년 피상속인인 어머니 사망

✓ 공동상속인들로 장남 A씨와 A씨의 남동생들 2명이 존재함

현재 상황

✓ 어머니의 유언장이 있음에도 A씨의 남동생들 2명이 유언장 조작을 의심하며 상속재산분할심판청구를 제기한 상황

✓ 장남 A씨는 소송비용 마련 목적으로 자신의 법정지분에 해당하는 어머니 명의 예금을 인출하고자 은행을 찾았으나, 공동상속들 전원의 동의가 없다는 이유로 인출을 거부당함

의뢰인의 문의 사항

✓ 삼 형제가 예금 재산을 똑같이 나누어 가지라는 내용의 유언장이 이미 존재함에도 불구하고, 은행에서 공동상속인 전원의 동의서를 요구하며 예금 인출을 거부할 수 있나요?

✓ 은행에서 예금 인출을 계속 거부할 경우, 취할 수 있는 조치는 무엇이 있나요?

성진원 변호사의 솔루션

Q1 삼 형제가 예금 재산을 똑같이 나누어 가지라는 내용의 유언장이 이미 존재함에도 불구하고, 은행에서 공동상속인 전원의 동의서를 요구하며 예금 인출을 거부할 수 있나요?

A1 금전채권과 같이 급부의 내용이 가분인 채권은 공동상속되는 경우 상속개시와 동시에 당연히 법정상속분에 따라 공동상속인들에게 분할되어 귀속되므로, 각 공동상속인은 자신의 법정상속분에 해당하는 범위 내에서 은행에 직접 예금 지급을 청구할 수 있습니다(대법원 2006. 7. 24.자 2005스83 결정).

그러나 실무상 은행은 법정상속분과 다른 내용의 유언이나 상속포기, 상속재산분할협의 등이 존재할 수 있다는 이유로 상속재산분할협의서 또는 공동상속인 전원의 동의서 제출을 요구하며 지급을 거절하는 사례가 많습니다.

이에 대해 하급심 판례는 「피상속인 명의의 예금채권은 피상속인의 사망으로 당연히 공동상속인들에게 법정상속분에 따라 귀속되는 것이고, 위 피고(은행)들이 주장하는 사유는 피고들 **내부의 업무지침 내지 처리절차에 불과**하여 원고(공동상속인)

들의 상속예금 지급청구권의 행사를 저지할 수 있는 사유가 될 수 없으므로, 위 피고들의 주장은 받아들이지 아니한다.」라고 판시하며, **은행이 상속재산분할협의서 또는 공동상속인 전원의 동의서 제출을 요구하며 상속인의 예금 지급 청구를 거절할 수 없다**는 입장을 취한 바 있습니다(서울중앙지방법원 2015. 10. 22. 선고 2015가합524348 판결).

그러므로 관련 판례 및 법리에 비추어 볼 때, 은행이 상속재산분할협의서 또는 공동상속인 전원의 동의서 제출을 요구하며 상속인의 예금 지급 청구를 거절하는 것은 정당한 법적 근거가 없으며, A씨는 자신의 법정상속분(해당 사안의 경우 1/3)에 해당하는 범위 내에서 예금 지급을 단독으로 청구할 수 있습니다.

Q2 은행에서 예금 인출을 계속 거부할 경우, 취할 수 있는 조치는 무엇이 있나요?

A2 그럼에도 불구하고 은행이 실무 관행에 따라 예금 지급을 계속 거절할 경우에는 다음과 같은 조치들을 고려해볼 수 있습니다.

먼저, 은행에 **내용증명**을 보내 예금 출금을 공식적으로 요구하는 것입니다. 그럼에도 은행이 거부할 경우 **금융감독원에 민원을**

신청하여 은행이 상속인의 정당한 권리를 침해하고 있으니 은행에 시정권고를 내릴 것을 요구할 수 있습니다. 만일 이와 같은 방법으로도 예금 인출을 하지 못할 경우 은행에 **예금반환청구소송**을 제기하여야 하고, 청구가 인용될 경우 예금뿐만 아니라 지연손해금까지 받아볼 수 있습니다.

> 실무 Tip
>
> **인출하고자 하는 피상속인 명의 예금이 소액인 경우**
>
> 실무상 금융회사별로 상속 금융재산 총액이 '300만 원 이하'인 경우에는 상속인 중 1인의 요청만으로도 예금 인출이 가능합니다. 은행이 예금 인출에 공동상속인들 전원의 동의서를 요구하는 경우는 예금 총액이 300만 원을 초과할 경우이고, 이 경우 예금을 인출하기 위해서는 위와 같은 여러 조치들을 검토해볼 수 있습니다.

가사·상속 전문 변호사 상담일지 #05

어머니 생전에 모든 상속재산을 빼돌린 동생, 전 한 푼도 못 받나요?

법무법인(유) 로고스 가사/상속팀 성진원 변호사

장남 A씨는 해외에서 오랫동안 사업을 하면서 한국에 계신 어머니를 자주 찾아뵙지 못하였습니다. 그래도 A씨의 남동생인 B씨가 어머니 자택과 가까운 곳에 살고 있어 급할 때 어머니를 돌봐드릴 수 있었기에 어머니에 대한 걱정을 한시름 놓을 수 있었습니다. 그런데 어느 날 A씨는 심한 악몽을 꾸고 불현듯 어머니에게 안 좋은 일이 생겼다는 것을 직감하게 되었습니다.

A씨는 다음 날 바로 어머니께 연락을 드렸으나, 전화를 받지 않으셨습니다. 더욱 놀라운 것은 남동생인 B씨까지 연락이 전혀 되지 않는다는 것이었습니다. 며칠 동안 한국의 가족들에게

연락이 닿지 않자 결국 A씨는 급하게 짐을 챙겨 한국행 비행기에 올랐고, 충격적인 현실을 마주하게 되었습니다. 어머니는 이미 급성폐렴으로 며칠 전 돌아가셨고, 어머니의 자택은 2년 전에 다른 사람에게 팔렸으며, 상속재산 조회를 해보니 재산이 단 한 푼도 남아있지 않았던 것입니다.

심지어 어머니의 생전 의료기록을 보니 어머니께서 약 2년 전부터 치매를 앓고 있었던 사실까지 알게 되었습니다. 알고 보니 남동생 B씨가 어머니께서 치매인 점을 이용하여 어머니의 유일한 재산이었던 단독주택을 15억 원에 팔아버리고, 어머니를 전셋집으로 이사시킨 뒤, 어머니의 예금 통장과 인감도장을 보관하고 있는 점을 이용해 어머니 명의 은행 계좌에서 매일 수백만 원에 달하는 현금을 인출하는 방법으로 주택 매도대금을 한 푼도 남김없이 다 빼돌린 것이었습니다.

A씨는 그 이후로도 B씨와 연락이 닿지 않았지만, SNS를 통해 B씨가 강남에 오피스텔을 분양받고 새로 음식점 사업까지 시작하였다는 소식을 접하게 되었습니다. A씨는 좁은 전셋집에서 생을 마감하게 된 어머니를 생각하며 눈물을 흘렸고, 어머니의 치매를 이용해 재산을 빼돌려 호의호식하고 있는 B씨를 생

각하니 화가 나 도저히 잠을 잘 수가 없었습니다.

이에 A씨는 남동생 B씨가 빼돌린 어머니의 상속재산을 되찾을 방법이 없는지 문의하고자 저희 법무법인을 찾아오셨고, B씨에 대한 소송을 진행하게 되었습니다.

체크리스트

당사자 관계

- ✓ 2024년 피상속인 어머니 사망

- ✓ 공동상속인으로 장남 A씨와 차남 B씨가 존재함

현재 상황

- ✓ 남동생 B씨가 치매인 어머니의 유일한 재산인 단독주택을 처분하고, 어머니 명의 예금 계좌에서 매일 수백만 원씩 현금을 인출하는 방법으로 모든 재산을 빼돌린 상황

- ✓ 남동생 B씨는 잠적하여 연락이 되지 않고 있음

의뢰인의 문의 사항

- ✓ 동생이 어머니 생전에 허락 없이 인출한 어머니 명의 예금 재산을 되찾을 수 있는 방법이 있을까요?

- ✓ 만일 동생이 어머니 허락 없이 인출하였다는 점이 입증되지 않는다면, 재산을 되찾을 수 있는 방법은 전혀 없는 건가요?

성진원 변호사의 솔루션

Q1 동생이 어머니 생전에 허락 없이 인출한 어머니 명의 예금 재산을 되찾을 수 있는 방법이 있을까요?

A1 만일 남동생 B씨가 어머니의 인감도장과 예금 통장을 보관하고 있음을 기화로 어머니의 허락 없이 예금을 인출한 것이라면, B씨는 인출한 예금상당액을 어머니께 **부당이득금** 또는 **불법행위에 따른 손해배상금**으로 지급할 의무가 있습니다(민법 제741조, 제750조).

그런데 어머니가 현재 사망하였으므로, 장남 A씨가 어머니의 B씨에 대한 부당이득반환채권 또는 손해배상채권을 상속받게 되었고, 법정상속지분(1/2)에 따라 산정된 부당이득반환채권액 또는 손해배상책권액만큼을 B씨에게 청구할 수 있게 됩니다.

해당 사건의 경우 현금이 인출되기 시작한 시점에 이미 어머니께서 치매로 인해 인지능력이 상당히 저하되어 있었다는 내용의 의료기록이 존재하였습니다. 또한, 치매뿐만 아니라 오랜 지병인 파킨슨병으로 병원에 입원해 있는 기간도 길었고, 의사소통도 쉽지 않았습니다. 나아가 B씨가 공동상속인인 A씨에게 어머니의 주택 매도사실과 사망 사실을 알리지 않고 잠적하였던 사정도 예금을 불법 인출하였다는 사실을 뒷받침해주었습니다.

이에 B씨가 치매를 이용하여 어머니의 허락을 받지 않고 예금을 인출하였던 사정을 입증할 수 있었고, 그 결과 A씨는 B씨가 빼돌린 예금 중 법정상속분에 해당하는 절반을 반환받을 수 있었습니다.

Q2 만일 동생이 어머니 허락 없이 인출하였다는 점이 입증되지 않는다면, 재산을 되찾을 수 있는 방법은 전혀 없는 건가요?

A2 해당 사건에서는 B씨가 어머니 허락 없이 어머니 명의 예금을 인출하였다는 점이 입증되었지만, 의료기록이 충분하지 않아 입증이 어려운 경우가 더 많을 것입니다.

이러한 경우라도 B씨가 어머니 생전에 인출된 예금상당액을 **증여**받은 것으로 보아 해당 가액만큼은 민법 제1115조의 유류분 반환의 대상이 될 수 있습니다. 즉, A씨는 출금된 예금 중 자신의 유류분(법정상속분의 1/2 즉, 1/4)만큼은 반환 청구할 수 있는 것입니다.

이 사건의 경우에도 혹여 B씨가 어머니의 허락 없이 예금을 인출하였다는 점이 입증되지 않을 경우에 대비하여 예비적으로 유류분 반환청구까지 함께 진행하였습니다. 유류분 소송은 상속개시 시점으로부터 **1년 내**에 제기하여야 하므로(민법 제1117조), 시효 경과로 유류분 반환 청구권이 소멸하기 전에 제기하는 것이 중요합니다.

> **실무 Tip**
>
> **상속재산이 얼마나 남아있는지 어떻게 알 수 있나요?**
>
> 정부24 홈페이지의 '안심상속' 원스톱 서비스를 신청하면 돌아가신 피상속인의 부동산, 금융재산 등 모든 재산내역을 한 번에 통합조회하는 것이 가능합니다. 다만, 사망일이 속한 달의 말일부터 1년 이내의 기간에만 조회가 가능하므로 해당 기간 내 서비스를 신청하여 피상속인의 상속재산내역을 확인해보시길 바랍니다.

가사·상속 전문 변호사 상담일지 #06

어머니가 제 딸에게 증여한 수억 원, 제 상속분에 영향이 있나요?

법무법인(유) 로고스 가사/상속팀 홍예지 변호사

A씨는 아버지와 사별 후 홀로된 어머니를 4년 동안 모시고 함께 지내왔습니다. 젊은 시절 부모님의 전폭적인 지지를 받았던 영특한 A씨의 언니는 지척에 살면서도 바쁘다는 핑계로 어머니를 뵈러 오지도 않았고, 명절에도 짧은 전화 한 통 없었습니다.

어머니는 어린 시절부터 유독 자신을 잘 따르던 외손녀인 A씨의 딸을 예뻐하셨습니다. 15년 전 A씨가 남편과 이혼한 후 생활 전선에 뛰어들게 되면서 어머니가 A씨의 딸을 돌보아주셨기에 A씨의 딸과 어머니의 사이는 각별했습니다. 이에 어머니는 돌아가시기 2년 전, A씨의 딸에게 사업자금으로 사용하라며 2억

5,000만 원을 증여하였습니다. A씨의 딸은 증여받은 돈으로 상가를 분양받아 그곳에서 자신의 사업장을 운영하였습니다.

어머니는 시가 4억 원 상당의 아파트 한 채만 남겨두고 돌아가셨습니다. 어머니의 장례식을 마친 직후, A씨의 언니는 어머니가 2억 5,000만 원을 증여한 사실을 알고 있다며 이에 대한 문제를 제기하곤 "어떻게 어머니를 꼬드겼는지 모르겠지만, 너는 별다른 직업도 없으니까 사실상 2억 5,000만 원은 네 딸이 아닌 네가 증여받은 것으로 보아야 해. 그러니 어머니의 상속재산을 내가 다 가져도 불만 없지?"라고 주장했습니다.

A씨는 어머니의 죽음 앞에서도 돈 이야기만을 쏟아내는 언니를 이해하기 무척 어려웠지만, 언니에게 '증여와 관련된 사정'과 '자신은 딸의 사업과 아무런 관련이 없음'을 상세히 설명했습니다. 하지만 언니는 들은 체도 하지 않았고, 얼마 지나지 않아 법원에 상속재산분할심판을 청구하였습니다.

심판청구서를 확인한 A씨는 마음을 제대로 추스르지도 못한 상황에서 언니와의 상속 분쟁에서 어떻게 대응하여야 할지 막막함과 씁쓸한 마음을 가지고 로펌의 문을 두드렸습니다.

체크리스트

가족관계 및 재산 현황

- ✓ 피상속인: 노모친(1942년생, 2024. 8. 1. 사망)
- ✓ 상속인: 유장녀, 유차녀(A씨, 가정주부)
- ✓ 상속재산: 아파트 1채(시가: 4억 원)

현재 상황

- ✓ 2022년 7월경 피상속인이 A씨의 딸(20대 후반)에게 2억 5,000만 원을 사업자금으로 사용하라고 증여함
- ✓ A씨는 딸의 사업과 무관하며, 최근 딸에게 증여세도 부과됨
- ✓ A씨는 과거 모아놨던 근로소득 등으로 생활하고 있음

의뢰인의 문의 사항

- ✓ 제 딸이 어머니로부터 증여받은 돈이 상속재산분할에서 고려되나요?
- ✓ 언니에게 당하고 있을 수만은 없습니다. 제가 언니보다 상속재산을 더 받을 수는 없나요?

홍예지 변호사의 솔루션

Q1 제 딸이 어머니로부터 증여받은 돈이 상속재산분할에서 고려되나요?

A1 상속분 산정 시 참작하게 되는 피상속인의 재산 증여 또는 유증은 원칙적으로 **상속인이 증여 또는 유증을 받은 경우**만 포함되고(민법 제1008조), 상속인의 직계비속·배우자 등이 받은 증여 또는 유증은 포함되지 않습니다.

하지만 증여 또는 유증의 경위, 증여받은 자와 관계된 상속인이 실제 받은 이익 등을 고려하여 **실질적으로 피상속인으로부터 상속인에게 직접 증여된 것과 다르지 않다고 인정되는 경우**에는 상속인의 직계비속, 배우자 등에게 이루어진 증여나 유증도 특별수익으로 평가되어 상속분 산정 시 참작될 수 있습니다(대법원 2007. 8. 28. 선고 2006스3, 2006스4 판결).

본 사건의 경우, 어머니가 A씨의 딸에게 증여한 사업자금 2억 5,000만 원은 원칙적으로 특별수익에 해당하지 않아 상속재산분할에서 고려되지 않을 것입니다. 그러나 A씨의 언니가 상속재산분할심판 진행 중 이에 관하여 문제를 제기하며 증거를 제출하는 등 구체적으로 다툰다면, 그 주장에 따라 적절히 증여와 관련된 사정을 설명하여야 할 것입니다. 실제로 본 사건에서는 A씨가 증여 과정에 개입하지 않은 점, A씨와 딸의 사업은 무관한 점, A씨의 딸에게 증여세가 부과되어 A씨의 딸이 이를 납부한 점 등을 적절히 설명하였고, 그 결과 법원은 이를 A씨의 특별수익으로 인정하지 않았습니다.

Q2 언니에게 당하고 있을 수만은 없습니다. 제가 언니보다 상속재산을 더 받을 수는 없나요?

A2 상속인 중 피상속인의 재산 형성에 특별히 기여하였거나, 피상속인을 특별히 부양한 사람은 민법 제1008조의2에 따라 그 상속분에 '**기여분**'을 더하여 더 많은 재산을 상속받을 수 있습니다. A씨는 4년 동안 어머니를 홀로 모셔왔으므로 이러한 사실을 기여분 중 특별부양으로 주장해볼 수 있는지를 검토해보아야 할 것입니다.

일반적으로 우리 법원은 기여분제도의 목적에 따라 '**공동상속인 간의 실질적 공평을 위하여 상속분을 조정하여야 할 필요성**이 있는지 여부'를 고려하여 기여분 인정 여부를 판단하며(대법원 2014. 11. 25. 선고 2012스156, 2012스157 판결 등), 구체적으로 자녀의 기여분 주장에 대해서는 단순히 부모와 동거한 것만으로는 부족하고, **통상적으로 부자 관계에서 기대되는 수준을 넘어** 오랜 기간 부모의 투병 생활을 지원하는 등의 **특별한 수준의 부양** 사실이 인정되어야만 그 주장을 받아들입니다.

위와 같은 점을 고려해볼 때, 본 사건의 경우 A씨가 4년 동안 어머니와 동거하며 돌보아왔다는 사정만으로는 A씨의 특별부양이 인정되기에는 어려울 것으로 보입니다.

> **실무 Tip**
>
> **금융거래정보제출명령 신청**
>
> 상속 관련 사건에서 상속인들의 기여분이나 특별수익을 주장 및 입증하기 위해 금융거래정보제출명령제도를 활용해볼 수 있습니다. 일반적으로 피상속인의 계좌에 대해서는 용이하게 금융거래정보제출명령이 이루어지나, 상속인의 계좌에 대해서는 해당 계좌를 확인해보아야 하는 필요성(수상한 돈의 흐름 등과 같은 구체적 정황)과 조회 기간을 특정하여 제시할 경우에 제한적으로 이루어지고 있습니다.

가사·상속 전문 변호사 상담일지 #07

아버지께 받은 강남아파트를 아직도 갖고 있는 동생과 이미 팔아버린 저, 유류분반환금액은 같나요?

법무법인(유) 로고스 가사/상속팀 성진원 변호사

장남인 A씨와 차남인 B씨는 1996년경 아버지로부터 강남에 위치한 아파트 각 1채씩을 증여받았습니다. A씨와 B씨가 증여받은 강남아파트는 거리상 매우 가까운 곳에 위치할 뿐만 아니라, 면적이나 구조 또한 비슷했기 때문에 시가가 각 5억 원 상당으로 거의 동일했습니다.

그런데 이후 장남 A씨는 사업 실패로 인해 급전이 필요해졌고, 자금을 융통할 방법을 고민하다가 증여받은 강남아파트를 2004년경 10억 원에 매도하게 되었습니다. 반면, 차남 B씨는 해당 아파트에 계속 거주하며 매도하지 않았습니다. 이후 2024년

즈음 두 아파트의 시가는 약 44억 원으로 껑충 뛰었습니다. A씨는 부동산 시세를 확인할 때마다 강남아파트를 매도한 것을 두고두고 후회하면서 아파트를 팔지 않고 계속 보유한 B씨를 시기질투하게 되었습니다.

그러던 2024년경 아버지께서는 암 투병 끝에 돌아가시게 되었습니다. 공동상속인으로는 장남 A씨, 차남 B씨, 장녀 C씨 이렇게 세 자녀가 있었는데, 아버지로부터 생전 아무것도 받지 못한 장녀 C씨가 불만을 품고 오빠들인 A씨와 B씨 상대로 민법 제1115조의 유류분 반환 청구의 소를 제기하였습니다(아버지께서 사망 당시 남긴 재산은 없었습니다).

여동생이 유류분 반환 청구 소송을 제기하게 된 사실을 알게 되자 A씨는 아버지로부터 강남아파트를 증여받은 지 벌써 28년이나 지났는데, 이에 대한 유류분 반환 청구 소송이 가능한 것인지 의아했습니다. 또한, 집을 이미 팔아버린 것도 속상한데, 팔아버린 집에 대해 유류분 반환까지 해야 한다는 것이 다소 억울하게 느껴졌습니다. 나아가 A씨와 B씨가 1996년경 아버지로부터 강남아파트를 증여받을 때에는 아파트 시가가 동일하게 5억 원 상당이었기 때문에 혹시라도 A씨가 B씨와 동일한 금액을 C씨에게 유류분으로 반환하게 되는 것은 아닌지 걱정하게 되었습니다.

이에 A씨는 여동생의 유류분 반환 청구 소송에 방어하기 위한 방법을 찾기 위해 저희 법무법인을 찾아오시게 되었고, 유류분 소송을 진행하게 되었습니다.

체크리스트

당사자 관계

✓ 2024년경 피상속인인 아버지 사망

✓ 공동상속인들로 장남 A씨, 차남 B씨, 장녀 C씨가 존재함

✓ 2024년경 여동생 C씨가 오빠들인 A씨와 B씨 상대로 유류분 반환 청구 소송 제기

현재 상황

✓ 1996년경 장남 A씨와 차남 B씨가 각각 5억 원 상당의 강남아파트를 아버지로부터 증여받음

✓ 장남 A씨는 2004년경 해당 아파트를 10억 원에 처분하였고, 차남 B씨는 현재까지 보유하고 있는 상황

의뢰인의 문의 사항

✓ 제가 아버지로부터 강남아파트를 증여받은 것은 아버지가 돌아가시기 무려 28년 전인데 이렇게 오래전에 증여받은 재산도 유류분 반환 대상이 되나요?

✓ 저와 남동생이 강남아파트를 각각 증여받을 당시 시가는 약 5억 원으로 동일했지만, 저는 그 이후 10억 원에 팔았고, 남동생은 팔지 않아 44억 원 상당의 아파트를 보유하게 된 것인데, 그럼에도 불구하고 여동생에게 반환해야 하는 유류분액은 같은가요?

성진원 변호사의 솔루션

Q1 제가 아버지로부터 강남아파트를 증여받은 것은 아버지가 돌아가시기 무려 28년 전인데 이렇게 오래전에 증여받은 재산도 유류분 반환 대상이 되나요?

A1 민법 제1114조에 따라 피상속인이 '공동상속인이 아닌 제3자'에게 증여한 때에는 원칙적으로 상속개시 전 1년간 이루어진 증여에 한하여 유류분 반환 대상이 됩니다. 다만, 당사자 쌍방이 증여 당시에 유류분권리자에게 손해를 가할 것을 알고 증여를 한 때에는 상속개시 1년 전에 한 것에 대해서도 유류분 반환청구가 허용됩니다.

그런데 피상속인이 **'공동상속인'**에게 증여한 때에는 민법 제1114조의 규정의 적용이 배제됨에 따라, 그 증여는 **상속개시 전의 1년간에 행한 것인지 여부에 관계없이** 유류분 산정을 위한 기초재산에 산입됩니다(대법원 1995. 6. 30. 선고 93다11715 판결).

따라서 공동상속인인 A씨와 B씨가 1996년경 증여받은 강남아파트는 상속개시 28년 전에 증여받은 것이라고 하더라도 유류분 반환 대상에 해당한다고 할 것입니다.

Q2 저와 남동생이 강남아파트를 각각 증여받을 당시 시가는 약 5억 원으로 동일했지만, 저는 그 이후 10억 원에 팔았고, 남동생은 팔지 않아 44억 원 상당의 아파트를 보유하게 된 것인데, 그럼에도 불구하고 여동생에게 반환해야 하는 유류분액은 같은가요?

A2 민법 제1113조는 유류분 산정의 기초가 되는 재산액은 피상속인이 상속개시시에 가진 재산의 가액에 증여재산의 가액을 가산하고, 채무의 전액을 공제하여 산정한다고 규정하고 있습니다. 이때 증여재산의 가액은 '증여받은 시점의 시가'가 아닌 '**상속개시 당시(피상속인 사망 당시)의 시가**'로 산정합니다.

해당 사건의 경우, 아버지께서 사망 당시 남긴 재산이 전혀 없었기 때문에 생전에 두 아들에게 증여한 강남아파트 2채만이 유류분 산정의 기초가 되는 재산에 해당하였습니다.

문제는 증여재산인 강남아파트의 시가가 증여 당시에는 약 5억 원이었으나, 아버지 사망 당시에는 약 44억 원에 달했다는 것입니다. 차남 B씨의 경우 강남아파트를 팔지 않고 그대로 보유하고 있었기 때문에 B씨가 증여받은 재산의 가액을 44억 원으로 산정한다고 하더라도 문제가 없는 반면, A씨는 2004년경 강남아파트를 10억 원에 팔아버렸기 때문에 A씨가 B씨와 마찬가지로 44억 원을 증여받은 것이라고 본다면, A씨의 입장에서는 여간 억울해지는 것이 아닙니다.

이와 관련하여 대법원은 「증여재산이 상속개시 **전**에 **처분** 또는 **수용**된 경우, 유류분 산정의 기초가 되는 증여재산의 가액은 그 증여재산의 현실 가치인 **처분 당시의 가액을 기준으로 상속개시까지 사이의 물가변동률을 반영하는 방법**으로 산정하여야 한다」고 판시하였습니다(대법원 2023. 5. 18. 선고 2019다222867 판결).

즉, A씨는 증여받은 강남아파트를 아버지 사망 전인 2004년경 10억 원에 처분하였으므로, 당시 매매대금 10억 원을 상속개시시인 2024년의 물가로 환가한 금액이 바로 A씨가 증여받은 재산의 가액이 되는 것입니다. 따라서 2004년 기준 10억 원은 2024년 기준 약 16억 원에 해당하므로, A씨가 증여받은 재산의 가액은 16억 원으로 보아야 합니다.

그러므로 A씨가 받은 증여재산의 가액은 16억 원, B씨가 받은 증여재산의 가액은 44억 원이라 할 것이므로, 유류분 산정의 기초가 되는 재산의 가액은 총 60억 원(=16억 원+44억 원)입니다. 그리고 C씨의 유류분은 법정상속분(1/3)의 절반인 1/6이므로, 유류분액은 10억 원(=60억 원×1/6)입니다.

그런데 증여를 받은 공동상속인이 여러 명일 때에는 각자 증여받은 재산의 가액이 자기 고유의 유류분액을 초과하는 상속인에 대하여 그 유류분액을 초과한 가액의 비율에 따라 반환을 청구할 수 있습니다(대법원 2006. 11. 10. 선고 2006다46346 판결).

따라서 A씨와 B씨가 C씨에게 각각 반환해야 하는 유류분액을 계산하면 다음과 같습니다. A씨가 유류분액(10억 원)을 초과해 받은 돈은 6억 원(=16억 원-10억 원)이고, B씨가 유류분액(10억 원)을 초과해서 받은 돈은 34억 원(=44억 원-10억 원)이므로, A씨와 B씨가 C씨에게 각각 반환해야 하는 금액의 비율은 6:34라 할 것입니다. 그러므로 A씨는 1억 5000만 원(=10억 원×6/40)을, B씨는 8억 5000만 원(=10억 원×34/40)을 C씨에게 지급해야 합니다.

결국 A씨와 B씨가 아버지 생전에 동일한 시가의 강남아파트를 증여받았지만, A씨가 강남아파트의 시가가 폭등하기 전 처분해버린 사정이 있으므로 아파트를 그대로 보유한 B씨보다는 C씨에게 반환해야 할 금액이 훨씬 줄어들 수 있었습니다.

(실무 Tip)

향후 유류분 반환 청구 소송에 대비하여 반환할 금액을 줄일 수 있는 방법

부동산의 시세가 계속 오르는 상황에서는 부동산 자체를 증여받는 것보다는 부동산을 매입할 현금을 증여받는 것이 유리합니다. 현금을 증여받을 경우, 상속개시시까지 물가변동률을 반영한 금원만 증여재산 가액이 되는 반면, 부동산 자체를 증여받을 경우 상속개시 당시 부동산의 시가가 증여재산의 가액이 되기 때문입니다.

가사·상속 전문 변호사 상담일지 #08

어머니가 혼수상태로 지내시다 작고하셨는데 혼수상태 당시 명품 구입 내역이 있습니다.

법무법인(유) 로고스 가사/상속팀 최가경 변호사

"어머니께서 돌아가시기 직전 1개월 동안 혼수상태셨습니다.
그런데 바로 그 시기에 어머니의 계좌에서
명품 구매 내역이 발견되었습니다."

어머니는 몇 년간의 항암치료 끝에 결국 돌아가시기 한 달 전부터 혼수상태에 빠지셨습니다. 하지만 어머니의 비극을 뒤로 한 채, 어머니 몰래 수상한 결제가 이루어진 것에 대해 유족들이 알게 된 것은 훨씬 뒤의 일이었습니다.

어머니는 평생 검소한 생활을 하셨고, 재물에 대한 욕심보다는 가족의 건강과 행복을 우선시하는 삶을 살아오셨습니다. 그러나 어느 날, 가족들은 어머니의 은행 계좌에서 이루어진 수상한 거래의 정황을 발견하고 큰 충격에 휩싸였습니다. 생전 어머니께서 입거나 사용한 적도 없으셨던, 고가의 명품 브랜드에서 수차례 거액의 거래가 이루어진 것이었습니다. 특히, 의심스러운 거래가 처음 이루어진 시점은 모두 어머니가 의식을 잃기 직전이었고, 이후 어머니가 혼수상태에 계시는 동안 결제가 반복되었습니다.

이후 계좌의 거래 내역을 추가로 받아 보니, 더욱 놀라운 사실이 드러났습니다. 혼수상태로 빠지시기 전 입원기간 동안 어머니 계좌에서 큰형의 계좌로 1억 원이 이체된 것입니다. 이 기간 동안 큰형은 코로나 방침에 따라 유일하게 등록된 단 한 명의 상주 보호자였습니다.

이 상황을 알게 된 가족들은 큰형이 어머니의 계좌를 임의로 사용했을 가능성을 염두에 두고 큰형에게 위 사실을 추궁하였습니다. 큰형은 마치 가족들이 그 사실을 추궁할 줄 알았다는 듯이 "어머니가 의식을 잃기 전에 부탁하셨을 뿐이었다"며 의혹을 강하게 부인했습니다. 하지만 어머니가 실제로 명품에 관심이 없으셨고 생전 주변에 자녀들에게 돈을 줄 때조차 늘 신중하셨던 태도를 생각해 보면 쉽게 납득하기 어려운 상황이었습니다.

결국 가족들은 큰형을 상대로 상속재산분할 심판을 청구하며 진실을 밝히고자, 가사 사건을 전문적으로 해결해 온 로펌에 조언을 구하게 되었습니다.

체크리스트

피상속인의 생전 상태 및 거래 내역

- ✓ 어머니는 사망 전 1개월간 혼수상태였음
- ✓ 그 기간 중 어머니 명의 계좌에서 고액 명품 구매 내역 발생
- ✓ 동일 기간 중 큰형 계좌로 1억 원 이체

현재 상황

- ✓ 큰형이 병원 등록 보호자였고 단독 출입 가능 상황
- ✓ 큰형은 '의식이 있을 때 어머니의 부탁'이라고 주장
- ✓ 가족은 평소 어머니의 검소한 성향에 비추어 큰형의 행태를 수상히 여기고 있는 상황

의뢰인의 문의 사항

- ✓ 큰형이 어머니의 혼수상태를 이용해 계좌를 사용하고 명품을 구매한 것이 맞는지 소송에서 어떻게 파악할 수 있나요?
- ✓ 만약 큰형이 어머니께서 혼수상태인 틈을 타 몰래 어머니의 계좌를 사용한 것이라면, 상속재산분할심판에서 어떤 주장을 해야 할까요?

최가경 변호사의 솔루션

Q1 큰형이 어머니의 혼수상태를 이용해 계좌를 사용하고 명품을 구매한 것이 맞는지 소송에서 어떻게 파악할 수 있나요?

A1 먼저 어머니가 혼수상태였다는 사실을 파악하는 것이 중요합니다. 이를 위해 법원에 문서제출명령 신청을 할 수 있습니다. 이 신청을 통해 법원이 어머니가 계셨던 병원에 의무기록(진료기록, 간호기록지, 회진 기록 등)을 요청하여 해당 기간 동안 어머니의 상태를 명확히 할 수 있습니다.

상속인인 의뢰인은 직접 병원을 방문하여 피상속인의 의무기록을 발급받아 올 수도 있습니다. 이 기록에서 어머니의 의식상태가 '혼수상태'로 지속되었음을 객관적으로 확인할 수 있다면, 그 시기에 이루어진 금융 거래는 어머니의 의사에 의한 것일 수 없다는 점을 소명할 수 있습니다.

다음으로는 큰형을 상대로 구석명(口釋明) 신청을 하여, 법원으로 하여금 큰형에게 1억 원 이체 및 명품 구매의 경위에 대한 해명을 명령하도록 할 수 있습니다. 법원이 구석명을 명령하면 큰형은 해당 거래가 어떤 경위로 이루어졌는지, 어떤 지시에 따라 사용한 것인지 구체적으로 설명해야 합니다. 큰형의 해명을 들은 후, 그 내용에 따라 소송의 다음 단계를 결정하고 추가적인 조치를 취할 수 있습니다. 물론 큰형이 답변을 회피하거나 해명을 거부한다면 이는 법원에서도 불리하게 판단할 수 있는 부분이므로, 해명 그 자체가 큰형에게 불리하게 작용할 수 있다는 점입니다. 보통 이런 경우 의뢰인의 큰형은 변명이라도 할 것입니다.

Q2 만약 큰형이 어머니께서 혼수상태인 틈을 타 몰래 어머니의 계좌를 사용한 것이라면, 상속재산분할심판에서 어떤 주장을 해야 할까요?

A2 만약 어머니가 혼수상태였고, 큰형이 그 시기에 피상속인의 계좌에서 자금을 인출하여 사적 용도로 사용한 것이 드러난다면, 그 자금은 큰형의 특별수익 혹은 상속분의 선급이라는 주장을 할 수 있습니다.

상속재산분할심판에서는 **상속인 중 일부가 생전에 피상속인으로부터 받은 이익(특별수익)이 있다면, 그에 해당하는 금액만큼 상속분에서 공제하는 것이 원칙**입니다. 따라서 의뢰인은 1억 원의 이체 및 명품 구매액을 큰형의 특별수익 혹은 어머니 생전에 상속을 미리 받은 셈(상속분의 선급)으로 간주해 상속분에서 차감해 달라고 법원에 요청할 수 있습니다. 그렇다면 상속재산 중 큰형에게 갈 상속재산은 특별수익 혹은 상속분의 선급 금액만큼 차감될 수 있습니다. 그렇게 될 경우 반대급부로 의뢰인의 상속재산은 더 늘어나게 되는 것이지요.

만약 큰형이 어머니의 계좌를 임의로 사용한 것이 명백해질 경우 형사고소도 고려해 볼 수 있습니다. 이는 사문서 위조나 횡령 등 형사 책임이 문제될 수 있는 부분이므로, 민사 재판 외에도 별도의 절차로 진행될 수 있습니다.

실무 Tip

문서제출명령 신청

소송 과정에서 문서제출명령 신청은 특정 문서나 자료를 가지고 있는 사람에게 그 문서나 자료를 증거로 제출하도록 법원에 요청하는 것입니다. 법원이 신청을 받아들이면 문서제출명령을 발령하게 됩니다. 문서제출명령은 주로 상대방이나 제3자가 보유하고 있는 중요한 문서나 정보를 법원을 통해 확보하고자 할 때 사용됩니다.

신청인은 특정 문서나 정보의 제출이 왜 필요한지, 그리고 해당 문서가 소송의 해결에 어떻게 중요한지를 명확히 기재해야 합니다. 법원은 제출을 요구하는 문서가 소송에 필요하고 중요하다고 판단하면 문서제출명령을 내릴 수 있습니다. 명령이 발령되면 문서의 보유자는 법원의 지시에 따라 특정 기간 내에 문서를 제출해야 합니다. 문서제출명령을 이행하지 않는 경우, 법원은 문서의 보유자에 대하여 강제금 부과, 감치(일정 기간 구금) 등의 조치를 취할 수 있습니다.

> **실무 Tip**
>
> **구석명 신청**
>
> 소송에서 구석명 신청은 특정한 사실이나 사항에 대해 상대방에게 자세한 설명을 요구하는 절차입니다. 이 신청은 주로 증거가 불충분하거나 불확실한 부분에 대해 상대방의 입장이나 설명을 명확히 듣고자 할 때 사용됩니다. 구석명은 소송의 사실 관계를 명확히 하고, 법원이 사건을 정확하게 이해하도록 돕기 위한 절차입니다.
>
> 문자를 그대로 풀어보면, '명확하게 해명할 것을 요구하는 신청' 정도로 볼 수 있습니다. 즉, 구석명 신청은 법원에 상대방의 불분명한 사실 관계를 명확하게 해명할 것을 법원이 요구하도록 신청하는 것입니다.
>
> 법원은 신청된 구석명의 필요성과 타당성을 검토합니다. 필요하다고 판단되면 상대방에게 구석명을 요구할 수 있는 결정을 내립니다. 상대방은 법원의 요구에 따라 구석명의 대상이 된 사항에 대해 자세히 답변해야 합니다. 그러나 이 신청이 항상 허용되는 것은 아니며, 법원의 판단 아래에서만 진행됩니다. 따라서 신청서 작성 시 신청의 필요성과 구체적인 사유를 명확하게 제시해야 합니다.

가사·상속 전문 변호사 상담일지 #09

사실혼 배우자의 사망 시
재산분할청구권과 상속권이 인정되나요?

법무법인(유) 로고스 가사/상속팀 박상홍 변호사

"변호사님, 저와 사실혼 관계에 있던 남편이 갑자기 사망했습니다. 저는 법적인 부인은 아니었지만 오랜 기간 부부처럼 지냈습니다. 이 경우 저도 재산분할이나 상속을 받을 수 있나요?"

A씨는 종갓집의 3대 독자로 태어나, 집안의 대를 이어야 한다는 압박과 유교적인 관념 속에서 여러 차례 결혼과 이혼을 반복하는 생활을 이어왔습니다.

먼저 A씨는 1977년 첫 번째 아내와 성대한 결혼식을 올리고 첫 아이를 가졌습니다. 그러나 태어난 아이는 딸이었고, 기대와 달리 두 사람의 관계는 소원해져 결국 협의 이혼을 하게 되었습니다.

이후 1981년, A씨는 두 번째 아내와 새로운 시작을 다짐했지만, 운명은 다시 A씨를 괴롭혔습니다. 두 번째 아내와 동거하던 중 태어난 아이 또한 딸이었고, 엎친 데 덮친 격으로 두 번째 아내는 출산 중 세상을 떠나고 말았습니다.

상실의 아픔을 딛고 1984년, A씨는 B씨와 만나 동거를 시작하였고, 마침내 기다리던 아들을 얻게 되었습니다. 집안에서 A씨는 대를 이은 공로를 인정받고, B씨도 종가집의 며느리로 집안에서 인정받게 되었습니다. 하지만, A씨의 수백억 원에 달하는 재산 때문인지, 시댁에서는 B씨에게 손자가 조금 더 자란 후 혼인신고를 하자는 말씀을 하셨습니다. B씨는 A씨를 신뢰했고, 또 안정된 생활 속에서 큰 문제를 느끼지 않아 시댁 어르신들의 말씀을 믿고 받아들일 수밖에 없었습니다.

그러던 중 2004년의 어느 날, 갑작스럽게 A씨가 심장마비로 세상을 떠나게 되었고 상황은 급변하였습니다. 법적 혼인이 아니었던 것을 빌미로 삼아, A씨의 가족들은 며느리와 재산을 나눌 의무가 없다며 B씨에 대한 상속을 강력히 반대하였습니다. B씨는 억장이 무너지는 기분으로 인터넷을 찾아보게 되었는데, A씨의 두 딸이 상속받은 재산에서 자신의 몫을 받아낼 수 있을 것이라는 글을 보게 되었습니다.

B씨는 고민 끝에 두 딸을 상대로 소송을 제기하였습니다. 그리고 A씨의 직계비속인 두 딸은 A씨가 B씨에게 부부로서 혼인관계를 종료하는 경우 부담해야 할 재산분할채무를 상속받은 것이므로 이를 대신 갚아야 할 의무가 있다고 주장하였습니다.

두 딸은 처음에는 B씨의 처사에 무척 화가 났고, 집안의 어르신들을 비롯한 주변에서도 B씨의 요구를 따를 필요가 전혀 없다는 조언을 하였습니다. 하지만 하루아침에 과부가 되어서 생계가 막막해진 B씨의 어려운 처지와 20년간 어머니로 여기며 살았던 정을 고려하여, 두 딸이 상속받은 재산 중 5억 원의 은행 예금채권을 B씨에게 양도하는 것으로 조정조서가 작성되었습니다.

그런데 B씨는 얼마 지나지 않아 국세청으로부터 증여세 납부 요구서를 받게 되었습니다. 기나긴 싸움 끝에 자신의 권리를 찾았다고 생각했던 B씨는 재산분할이나 상속과 같은 제도의 틀 안에서 자신은 조금도 보호를 받지 못한다는 억울함이 들었습니다.

"변호사님, 저는 이렇게 오랫동안 사실혼 관계에 있었는데, 법적으로 상속권이나 재산분할을 받을 권리가 전혀 없는 건가요?"

체크리스트

혼인 및 사실혼 관계

- ✓ A씨는 세 번째 부인인 B씨와 장기간 사실혼 관계 유지, 혼인신고 X

- ✓ A씨와 B씨 사이에 아들 1명 존재

- ✓ A씨에게는 전 부인들이 낳은 두 딸 존재 (성년)

- ✓ A씨의 갑작스러운 사망 이후 사실혼 관계 종료

현재 상황

- ✓ 법적 혼인이 아니었기에 B씨가 상속에서 배제된 상황

- ✓ B씨는 조정에서 A씨의 두 딸과 협의하여 예금채권 일부를 수령하였음

- ✓ 이후 B씨는 국세청으로부터 증여세를 부과받음

의뢰인의 문의 사항

- ✓ 사실혼 관계의 배우자가 갑자기 사망한 경우, 상대 배우자의 재산분할청구권이나 상속권이 인정될 수 있나요?

박상홍 변호사의 솔루션

Q 사실혼 관계의 배우자가 갑자기 사망한 경우, 상대 배우자의 재산분할청구권이나 상속권이 인정될 수 있나요?

A 일반적으로는 **사실혼 관계**에 있어서도 당연히 **재산분할청구권**을 행사할 수 있습니다. 사실혼이란 당사자 사이에 혼인의 의사가 있고 객관적으로 사회관념상으로 가족질서적인 면에서 부부 공동 생활을 인정할 만한 혼인 생활의 실체가 있는 경우이기 때문입니다. 우리나라의 법질서에서 부부재산에 관한 청산의 의미를 갖는 재산분할에 관한 법률 규정은 부부의 생활공동체라는 실질에 비추어 인정되는 것이기 때문에, 사실혼 관계에도 이를 준용 또는 유추적용할 수 있다고 보는 것입니다.

다만, 이는 사실혼 관계에 있었던 당사자들이 생전에 사실혼 관계를 해소(즉, 결별)한 경우에만 적용됩니다. 다시 말해서, **사실혼 관계가 일방 당사자의 사망으로 인하여 종료된 경우에는 그 상대방에게 재산분할청구권이 인정되지 않습니다**(대법원 2006. 3. 24. 선고 2005두15595 판결).

혼인신고가 된 경우에는 망인의 재산에 대한 상속권이 인정되지만, 사실혼 관계에 있어서는 망인의 재산에 대한 상속권이 인정되지는 않는다는 결론으로 인해 법률혼과 사실혼의 보호 범위에 차이가 발생하는 것이 한편으로는 부당하다고 느껴지는 대목입니다. 하지만 헌법재판소는 "제3자에게 영향을 미쳐 명확성과 획일성이 요청되는 상속과 같은 법률관계에서는 사실혼을 법률혼과 동일하게 취급할 수 없다"고 보아 그러한 차이가 발생하는 것에 입법 개선이 필요한 것은 아니라고 판단하고 있습니다(헌법재판소 2024. 3. 28. 결정 2020헌바494등).

결국, 안타깝게도 현행 민법하에서 일방의 사망으로 사실혼 관계가 종료된 경우 그 상대방 배우자에게는 상속권이나 재산분할청구권이 인정되기 어렵습니다.

> **실무 Tip**
>
> **재산분할에 관한 협의·조정 시 고려 사항**
>
> 재산분할이 포함된 협의나 조정의 경우, 분할 대상 재산의 귀속으로 인한 과세 문제에 대해서도 함께 논의하는 것이 추가적인 분쟁을 막을 수 있는 방법입니다.

가사·상속 전문 변호사 상담일지 #10

돌아가신 아버님의 유해를 장남에게서 되찾을 수 있나요?

법무법인(유) 로고스 가사/상속팀 최가경 변호사

"아버님은 생전에 화장을 원하지 않고 고향의 선산에 묻히고 싶어 하셨습니다. 그런데 남동생은 선산에 묻으려면 돈도 많이 들고 관리가 힘들다며, 저와 막내 남동생과의 상의도 없이 아버님의 유해를 화장하여 봉안당에 안치하였습니다. 아버님의 한을 풀어드리고 싶은데, 장남인 남동생으로부터 아버님의 유해를 돌려받을 수 있나요?"

A씨의 아버지는 생전에 화장 대신 고향의 선산에 안장되기를 원했습니다. 하지만 아버지가 돌아가신 후 유족들 사이에 어떻게 장례를 치를지에 대해 큰 논쟁이 벌어지게 되었습니다.

장녀인 A씨를 비롯한 다른 유족들은 모두 아버지의 유지를 받들고자 했으나, 장남인 B씨만은 경제적이고 실용적인 관점을 강조하며 아버지와 가족 모두의 뜻에 극렬히 반대했습니다. B씨는 "선산에 묻는다는 건 비용도 많이 들고, 관리도 힘들다고. 우리 현실을 좀 봐야 하지 않겠어?"라고 하더니, 누나인 A씨와 막내 남동생 C씨, 그리고 작은 아버님을 비롯한 다른 집안 식구들이 동의하지 않았음에도 불구하고, 자신이 책임을 지겠다며 아버지의 유해를 화장해 봉안당에 안치했습니다. A씨와 C씨는 B씨의 독단적인 행동에 경악했지만, B씨가 일사천리로 진행한 탓에 어쩔 도리가 없었습니다.

몇 년 후, 아버지의 기일마다 봉안당에서 아버지를 뵙는 것은 차마 못할 짓이라고 여겨진 A씨는 가족 회의를 소집했습니다. "다들 알다시피 우리 아버지께서는 평생 고향을 그리워하셨어요. 돌아가신 이후에도 그 곁에 지내시기를 항상 바라셨죠. 그런데 화장이라니요! 지금 상황은 아버지의 뜻과 너무나 동떨어져 있어요. B야, 제발 이제라도 유해를 고향의 선산으로 모시자." A씨가 눈물로 호소했습니다. C씨도 그간 쌓인 울분을 B씨에게 토로했습니다. "형, 아버지의 뜻을 무시하고 형제들과 상의 없이 결정한 건 정말 아니야. 이건 가족 모두의 문제야. 형 외에 가족 모두의 의견이 일치하니, 형이 동의하든 말든 아버지의 유해를 선산으로 모셔야겠어."

하지만 B씨는 가족들의 주장을 여전히 이해할 수 없었습니다. "내가 무슨 선택을 해도 결국엔 비난받을 일이라고 생각했어. 하지만 장기적으로 봤을 때 우리 모두에게 덜 부담이 될 거라고 봐서 화장을 강행했던 거야. 나로서는 그게 기분이 좋았겠니! 화장하기 전에 법적 조언을 구해봤더니 장남인 나에게 화장할 권리가 있고, 이장할 권리도 있다고 했어. 그러니 내 동의 없이는 유해를 가져갈 수 없다는 것만 알아둬!"

이러한 상황에서 A씨는, B씨가 아버지의 유해를 장남으로서 독단적으로 화장한 행위가 불법 행위가 아닌지, 그리고 B씨의 동의 없이 B씨 이외 가족 모두의 동의로 아버님의 유해를 선산으로 모실 수 있을지 상담받기 위해 상속 전문 변호사를 찾게 되었습니다.

체크리스트

가족 간 유해 처리 갈등

✓ 사망한 피상속인은 생전에 화장이 아닌 선산 매장을 원함

✓ 장남이 유족과 협의 없이 독단적으로 유해를 화장 및 봉안

현재 상황

✓ 다른 형제들은 아버지의 유해를 원래대로 모시고자 하며 갈등 발생

✓ 제사주재자의 법적 지위가 사망 시점을 기준으로 달라지는지 쟁점

✓ 대법원이 2023. 5. 11. 장남이 제사주재자였던 기존 입장을 최연장자가 제사주재자라는 입장으로 변경하는 전원합의체 판결 선고

의뢰인의 문의 사항

✓ 장남이 아버지의 유해를 독단적으로 화장한 행위는 법에 어긋나는 행동이 아닌가요?

✓ 돌아가신 아버지의 유해가 담긴 함을 B의 동의 없이 아버지의 뜻에 따라 선산으로 옮길 수 있나요?

최가경 변호사의 솔루션

Q1 장남이 아버지의 유해를 독단적으로 화장한 행위는 법에 어긋나는 행동이 아닌가요?

A1 아버님이 돌아가신 시기가 중요합니다. **2023년 5월 11일 대법원은 제사주재자의 지위에 관한 과거 판례를 변경하는 중요한 판결**을 내렸기 때문입니다. 먼저, 2008년 과거 대법원 판례에 따르면 '**제사주재자는 상속인들 간 협의가 이루어지지 않을 경우 장남이 제사주재자가 되며, 아들이 없는 경우에만 장녀가 제사주재자가 된다**고 보았습니다(대법원 2008. 11. 20. 선고 2007다27670 전원합의체 판결).' 이 판례는 당시 사회적 관행을 반영하여 장남 중심의 제사 관행에 법적 근거를 부여한 것이었습니다. 그러나 이후 2023년 5월 11일, 대법원 전원합의체는 위 대법원 판례를 변경하는 판결을 내렸습니다. 이 판결에서 대법원은, '**제사주재자는 상속인들 사이의 협의를 통해 결정되며, 협의가 이루어지지 않을 경우 피상속인의 직계비속 중 최연장자가 제사주재자가 되고, 이는 최연장자의 성별을 불문하고 적용**된다'고 판단하였습니다(대법원 2023. 5. 11. 선고 2018다248626 전원합의체 판결).

위와 같은 전제에서, 아버님이 2023년 5월 11일 이전에 돌아가

위와 같은 전제에서, 아버님이 2023년 5월 11일 이전에 돌아가셨다면 B씨는 제사주재자로서 화장과 이장을 결정할 권리가 있습니다. 이 경우 B씨의 결정은 법적으로 유효하며, A씨는 B씨의 동의 없이 아버님의 유해를 돌려받기 어려울 것입니다. 또한, 2008년 판례에서 '**장남은 망인의 의사에 따라 매장 장소를 결정할 수 있지만, 피상속인의 생전 의사는 도의적 의무에 그칠 뿐 법률적 의무까지는 아니**'라고 하였습니다. 따라서 장남인 B씨가 경제적 이유로 화장을 선택한 것은 그의 제사주재자로서의 정당한 권리를 행사한 것으로, 법적으로 문제가 없습니다.

그렇지만, 아버님이 2023년 5월 11일 이후에 돌아가셨다면 최연장자인 장녀 A씨가 제사주재자가 됩니다. 이 경우 B씨의 화장 결정은 제사주재자의 권한을 침해한 것으로 A씨는 법적으로 유해의 이장을 요구할 수 있으며, B씨의 독단적인 결정은 법적으로 문제가 될 수 있습니다.

Q2 돌아가신 아버지의 유해가 담긴 함을 B의 동의 없이 아버지의 뜻에 따라 선산으로 옮길 수 있나요?

A2 이 또한 아버님이 돌아가신 시기에 따라 달라집니다.

2023년 5월 11일 이전 아버님이 사망한 경우라면, 2008년 대법원 판례에 따라 제사주재자는 망인의 장남 B씨가 됩니다. 이 경우 B씨는 분묘에 대한 관리 및 처분권을 가집니다. 따라서 만약 A씨가 B씨의 동의 없이 아버님의 유해를 선산으로 옮기려 한다면, 이는 형법 제160조에 따라 분묘발굴죄에 해당할 수 있으며, 이로 인해 A씨는 최대 5년 이하의 징역에 처해질 수 있습니다.

그러나 2023년 5월 11일 이후 아버님이 사망한 경우라면, 2023년 대법원 판례에 따라 최연장자인 A씨가 제사주재자가 됩니다. 이 경우 A씨는 아버님의 유해를 자신의 결정에 따라 선산으로 이장할 권리를 가지며, 이는 B씨의 동의 없이도 법적으로 허용될 것입니다.

> 실무 Tip
>
> **대법원 전원합의체 판결의 의미**
>
> 대법원 전원합의체 판결은 대한민국 대법원에서 법률 해석에 있어 중대한 변경이 필요하거나, 기존의 판례를 변경할 필요가 있는 경우 내리는 판결로, 대법원장을 포함한 13명의 모든 대법관이 참여하여 결정을 내리는 것을 말합니다. **전원합의체는 기존 판례와 다른 판단이 필요할 때 기존 판례를 변경할 수 있는 권한**을 가집니다.

가사·상속 전문 변호사 상담일지 #11

며느리가 돌보지 않는 손녀, 어떻게 보호해야 하죠?

법무법인(유) 로고스 가사/상속팀 홍예지 변호사

A씨는 사업가인 남편과 결혼하여 20대 초반에 첫아들을 낳고 뒤이어 둘째 딸도 낳았습니다. 정성스럽게 키운 아들은 장성하여 결혼하였고, 얼마 지나지 않아 사랑스러운 손녀가 태어났습니다. 손녀가 걸음마를 시작할 즈음, 아들 부부는 맞벌이를 시작했습니다. A씨는 아들 부부와 같은 동네에 살고 있었기에, 자연스럽게 손녀를 돌보게 되었습니다. 50대 초반의 젊은 할머니였던 A씨는 손녀를 돌보는 일이 그리 힘들지 않아 다행이라고 생각했습니다.

손녀를 데리러 오는 일은 늘 아들의 몫이었고, 며느리가 A씨

집에 방문하는 일은 드물었습니다. 그래서인지 퇴근 후 손녀를 데리러 오는 아들의 얼굴은 날이 갈수록 어두워졌습니다. A씨가 무슨 일이 있는지 물어보아도 돌아오는 대답은 항상 "걱정 마세요"라는 말뿐이었습니다. A씨는 아들 부부에게 무슨 일이 있는 것은 아닌지 걱정되었지만, 자꾸 묻는 것이 아들 부부에게 또 다른 부담이 될까 하여 애써 걱정을 삼켰습니다.

이러한 생활이 2년간 지속되던 어느 겨울날, 심각한 얼굴을 한 아들이 A씨를 찾아와 충격적인 이야기를 털어놓았습니다. 결혼 전부터 술을 좋아하던 며느리가 손녀를 낳은 후 우울증에 시달리며 알코올 중독에 빠졌고, 손녀를 전혀 돌보지 않아 아들과의 갈등이 극심하였다는 것이었습니다. 게다가 얼마 전에는 며느리가 직장 동료와 불륜을 저지르고 있다는 사실까지 드러났다고 했습니다. 아들은 가정을 지키기 위해 며느리의 마음을 되돌리려 노력했지만, 며느리는 자신의 잘못을 인정하지 않은 채 아이는 물론 모든 것을 내팽개치고 집을 나가버렸고, 결국 이혼을 준비하고 있다고 말했습니다.

얼마 지나지 않아 아들은 이혼 소송을 제기하였습니다. 손녀를 돌보는 일은 A씨의 몫이 되었고, 며느리는 여전히 손녀에 대해 무관심했습니다. 그런데 아들의 이혼 소송은 예상과 달리 쉽게 마무리되지 않았고, 이로 인해 아들의 마음은 점차 병들어갔습니다. 이혼 소송이 마무리 단계에 접어들었을 때 며느리는 돌연 자신이 양육권을 가져가야겠다고 주장하였고, 아들은 울분에 빠져 고통스러워하다가 결국 얼마 전 스스로 세상을 떠나고 말았습니다.

A씨는 이루 말할 수 없는 슬픔과 분노로 인해 너무나 고통스러웠지만, 아들의 장례식장에서 아무것도 모른 채 방긋 웃고 있는 손녀만큼은 지켜야겠다고 결심했습니다. 이에 A씨는 아들의 장례를 마무리하고 난 이후 손녀를 보호하기 위한 방법을 강구하고자 로펌으로 발걸음을 내디뎠습니다.

체크리스트

가족관계

✓ 의뢰인: 김시모(A씨, 1973년생)

　- 가정주부, 배우자 有(중소기업 20년 이상 운영 중)

✓ 사건본인: 이손녀(2021년생)

　- 친부 故 이아들, 친모 박며늘

현재 상황

✓ (2022년~) 사건본인의 주양육자는 故 이아들, 보조양육자는 A씨

✓ 사건본인의 친부모는 친모의 부정행위 등을 이유로 1년 여간 이혼 소송 진행하다가 최근 친부의 사망으로 소송 종료

✓ 사건본인은 친부 사망 이후 A씨의 집에서 지내고 있음

의뢰인의 문의 사항

✓ 손녀에 대한 며느리의 친권, 양육권을 박탈할 수는 없나요?

✓ 며느리의 친권, 양육권이 박탈되거나 제한된다면, 손녀의 법적 보호자는 어떻게 결정되나요?

홍예지 변호사의 솔루션

Q1 손녀에 대한 며느리의 친권, 양육권을 박탈할 수는 없나요?

A1 손녀의 친권 및 양육권은 당연히 그 친모인 며느리에게 있으나(민법 제909조 제1항, 제3항), 손녀의 조모(친족)인 A씨는 가정법원에게 손녀에 대한 며느리의 친권상실이나 일시정지, 친권의 일부제한, 대리권 및 재산관리권의 상실을 청구할 수 있습니다(민법 제924조, 제924조의2, 제925조).

그러나 우리 법원은 **부모의 친권 및 양육권 박탈을 쉽게 인정하지 않습니다.** 대법원은 "친권의 목적이 **자녀의 복리 보호**에 있다는 점이 판단의 기초가 되어야 하므로, 설사 친권자에게 어떠한 비행이 있어 그것이 자녀들의 정서나 교육 등에 악영향을 줄 여지가 있다 하더라도 친권의 대상인 자녀의 나이나 건강상태를 비롯하여 관계인들이 처해 있는 여러 구체적 사정을 고려하여 섣불리 친권상실을 인정해서는 안된다"고 판시한 바 있습니다(대법원 1993. 3. 4. 선고 93스3 판결).

민법에도 ① 친권상실의 경우, 친권의 일시정지·일부제한·대리권 및 재산관리권의 상실에 의해서는 미성년자의 복리를 충분히 보호할 수 없는 경우에만 가능하며, ② 친권의 일시정지·일부제한·대리권 및 재산관리권의 상실의 경우는 친권자의 동의를 갈음하는 재판에 의해서는 미성년자의 복리를 충분히 보호할 수 없는 경우에만 가능하다고 규정되어 있습니다(민법 제925조의2).

따라서 며느리의 친권 등이 완전히 박탈되는 것은 쉽지 않겠지만, 며느리가 알코올 중독과 불륜으로 인해 가정 생활에 무관심하였을 뿐만 아니라 손녀를 방임한 점, 이로 인해 아들과의 갈등이 심화되어 이혼 소송을 진행하다가 최근 아들이 사망한 점 등을 잘 정리하여 친권의 일부제한이나 대리권 및 재산관리권의 상실을 청구할 수 있을 것으로도 보입니다.

Q2 며느리의 친권, 양육권이 박탈되거나 제한된다면, 손녀의 법적 보호자는 어떻게 결정되나요?

A2 며느리의 친권 등이 박탈되거나 제한된다면, 가정법원은 손녀의 미성년후견인을 선임하여야 하고(민법 제928조, 민법 제932조), 손녀의 친족인 A씨가 친권의 일부제한 등 관련 청구와 동시에 미성년후견인 선임을 청구할 수도 있습니다.

미성년후견인은 단 한 명만 선임될 수 있습니다(민법 제930조 제1항). 이와 관련하여 우리 법원은 **아동의 최선의 이익을 최우선으로 고려**하고 여러 사정을 종합하여 **'미성년자의 복리를 위하여 가장 적합한 사람'**을 미성년후견인으로 선임하며, 이때 자녀의 의사·자녀의 성별과 연령·부모의 양육 적합성·자녀와의 유대관계·부모의 경제 상황·그동안의 양육 과정 및 현재의 양육 상태 등을 고려하고 있습니다(대법원 2012. 4. 13. 선고 2011므4719 판결 등).

본 사건의 경우 A씨가 아직 50대 초반이어서 신체적으로 건강한 점, 실제 딸을 낳아 성년에 이를 때까지 키운 경험이 있는 점, 손녀의 실질적인 양육자는 오랫동안 A씨였고 이로 인해 손녀와의 유대관계가 매우 깊은 점 등의 사정을 구체적으로 제시하여, A씨가 손녀의 복리를 위하여 가장 적합한 사람임을 적극적으로 주장하여야 할 것입니다.

이를 통해 A씨가 손녀의 미성년후견인으로 선임된다면 A씨는 손녀를 보호하고 교양하며, 거소를 지정함에 있어 친권자와 동일한 권리와 의무를 행사할 수 있게 됩니다(민법 제945조).

> **실무 Tip**
>
> **면접교섭 방해행위**
>
> 면접교섭권은 자녀의 권리임과 동시에 부모 각자 고유의 권리이므로, 자녀의 복리를 해치는 특별한 사정이 없는 한, 원칙적으로 부모의 면접교섭권은 존중되어야 합니다. 양육친이 임의로 비양육친의 면접교섭을 제한한다면, 권리 남용이나 자녀의 복리를 침해하는 행위로 평가되어 법원에 의해 양육자가 변경되는 사유가 되므로 주의가 필요합니다.

가사·상속 전문 변호사 상담일지 #12

어머니의 후견인이 되었습니다. 무엇을 해야 하나요?

법무법인(유) 로고스 가사/상속팀 홍예지 변호사

살아생전 A씨의 아버지는 사업을 하다 여러 번 실패하셨습니다. 어머니와 가족들의 만류에도 불구하고 몰래 사업을 벌이셨고 그 과정에서 많은 빚을 지게 되셨습니다. 가족들이 힘을 합쳐 아버지의 빚을 갚다 보면 또 다른 빚이 드러나고 또 드러나는 날의 연속이었습니다.

남편으로 인해 한평생 고생하셨던 A씨의 어머니는 결국 관절에 심각한 이상이 생기고 이후 중증 치매까지 앓게 되어 요양병원에서 지내게 되셨습니다. 그리고 얼마 전, A씨의 아버지는 세상을 떠나셨습니다.

A씨의 아버지가 돌아가실 당시 그 명의로 소유하고 있던 재산으로는 A씨가 운영 중인 회사의 비상장주식이 유일했는데, 세무 상담 결과 이를 기준으로 산정된 상속세 부담이 예상보다 컸습니다. 한편으로 A씨는 혹시 가족들이 알지 못하는 아버지의 숨은 빚이 있는 건 아닐까 걱정도 되었습니다. 이에 A씨는 가족들과 상의한 끝에 모두 상속을 포기하기로 하고, 가정법원에 상속포기심판을 청구하였습니다.

상속인 전원이 상속을 포기하는 경우였기에 절차가 빠르게 마무리될 것이라고 생각했으나, 예상치 못한 문제가 발생했습니다. 가정법원에서 청구인 전원의 인감증명서를 제출하라는 명령을 내렸으나, 중증 치매를 앓고 계신 어머니의 인감증명서를 발급받을 방법이 없었던 것입니다. 상속재산 중 적극재산이 있는 상황이었기에 어머니의 진정한 의사 확인 없이는 인감증명서라는 중요한 문서를 발급받을 수 없었습니다.

결국, A씨의 가족들은 변호사의 도움을 받아 '후견인후보자를 A씨로 하여 어머니에 대한 성년후견을 개시하여 줄 것'을 가정법원에 청구하였고, 그 청구가 전부 받아들여져 A씨가 어머니의 성년후견인이 되었습니다. 하지만 A씨는 앞으로 후견인으로서 무엇을 해야 하고 아버지의 재산 상속 포기 절차를 어떻게 마무리해야 할지 막막합니다.

체크리스트

가족관계 및 재산 현황

- ✓ 피상속인: 김부친(1936년생, 2024. 5. 1. 사망)

- ✓ 상속인: 배우자, 김장남(A씨), 김차남

- ✓ 상속재산: A씨가 운영중인 회사의 비상장주식이 있고, 현재 확인된 채무는 존재하지 않으나 장담할 수 없는 상황

현재 상황

- ✓ 배우자는 3년 전부터 중증 치매(알츠하이머성)를 앓고 있음

- ✓ 배우자에 대하여 2024. 11. 1. 성년후견개시(후견인: A씨)

- ✓ 김장남에게는 딸 1명이 있고, 김차남은 아들 1명이 있음(대습상속이 발생하므로, 김장남과 김차남의 자녀들도 함께 상속포기를 청구함)

의뢰인의 문의 사항

- ✓ 저는 어머니의 후견인으로서 앞으로 어떤 일을 해야 하나요?

- ✓ 후견인이자 공동상속인의 지위에 있는 제가 상속포기 절차를 마무리하기 위해서는 추가적으로 어떤 조치를 취해야 하나요?

홍예지 변호사의 솔루션

Q1 저는 어머니의 후견인으로서 앞으로 어떤 일을 해야 하나요?

A1 친부모가 미성년 자녀의 법정대리인 역할을 하듯, 일상생활 중에는 어머니의 법정대리인으로서 역할을 수행하고, 기본적으로 가정법원의 감독 아래 각종 보고 업무를 담당하게 됩니다.

가정법원은 보통 후견 심판을 내리는 동시에 선임된 후견인에게 특정일까지 재산목록보고서를 작성하여 제출할 것을 명령하고, 후견 심판이 확정되면 직권으로 후견인의 업무 수행에 대한 감독 절차를 개시합니다.

후견인은 후견이 시작된 후 2개월 이내로 재산목록보고서를 작성해야 하는데(민법 제941조 제1항), 통상적으로 가정법원은 재산목록보고서 작성 및 제출일을 **후견 심판이 이루어진 날로부터 2개월이 되는 날**로 정합니다. 만약 후견인이 재산목록보고서를 작성 및 제출하지 않는다면, 후견인으로서의 권한을 행사할 수 없습니다(민법 제943조).

후견인은 **안심상속원스톱서비스**를 통해 피후견인의 재산 및 부채를 조회해볼 수 있으므로, 재산목록보고서 작성 시 해당 서비스 통해 조회된 결과 등을 기초로 피후견인의 적극재산과 소극재산, 소득내역과 지출내역을 잘 정리하여 기재하여야 하고, 소명자료도 꼼꼼히 준비하여 함께 제출하여야 합니다. 만약 재산목록보고서와 소명자료에 문제가 있는 경우 법원은 반복하여 보정명령을 내립니다. 혹시 보고서 작성에 시간이 좀 더 필요한 경우에는 법원에 **별도로 제출 기간 연장 허가심판을 청구**해야 합니다[가사소송법 제2조 제1항 제2호 가목 20)]. 이러한 과정을 수행하면서도 변호사를 선임하여 조력을 받을 수 있는데, 이 경우 위임장 등은 현재 온라인으로 제출할 수는 없고 법원에 직접 제출하여야 합니다.

재산목록보고서 제출이 완료되면 가정법원은 가사조사관 등에게 후견감독 조사명령을 내립니다. 조사명령을 받은 가사조사관 등은 후견인이 제출한 재산목록조사보고서가 재산조회 결과에 부합하게 작성되었는지를 확인한 후 그에 따라 조사보고서를 작성하여 법원에 제출합니다. 그 후 별다른 문제가 없다면 후견인은 수립한 계획에 따라 후견 사무를 수행하며, 특별한 사정이 없는 한, **1년에 1번, 법원이 지정한 날까지** 후견사무보고서를 작성하여 제출하여야 합니다.

Q2 후견인이자 공동상속인의 지위에 있는 제가 상속포기 절차를 마무리하기 위해서는 추가적으로 어떤 조치를 취해야 하나요?

A2 **상속을 포기하는 행위**는 법적으로 **이해상반행위**(당사자 사이에 이해의 대립이 생길 우려가 있는 행위)에 해당하여, 성년후견인이어도 상속포기행위를 대리하기 위해서는 법원의 추가적인 허가가 필요합니다.

심판문상 기재된 후견인 권한 범위에 따라, 가정법원에 ① 특별대리인 선임을 청구하거나[민법 제949조의3 본문, 민법 제921조, 가사소송법 제2조 제1항 제2호 가목 16)], ② 특별대리인 선임 청구와 함께 후견임무수행을 위하여 필요한 처분명령 허가심판을 청구하여야 합니다[가사소송법 제2조 제1항 제2호 가목 18)의2]. 상황에 따라서는 **처분명령 허가심판만을 청구**할 수도 있고 본 사건이 그러했습니다.

상속포기는 이해상반행위에 해당하므로 법원은 사실관계를 주의 깊게 살핀 후 상당한 서류 제출을 요구할 수 있습니다. 후견인은 불필요한 오해가 발생하지 않도록 관련 사실관계와 서류를 꼼꼼히 정리하여 제출하여야 합니다. 이후 상속포기 대리행위에 대한 법원의 허가가 완료되면, 후견인 A씨는 어머니를 대리하여 아버지의 재산에 대한 상속을 포기할 수 있습니다.

> **실무 Tip**
>
> **상속포기자의 상속재산관리 의무**
>
> 상속포기자는 상속포기를 하였어도 후순위 상속인이 현실적으로 상속재산관리를 시작할 수 있을 때까지 상속재산을 관리할 의무가 있습니다(민법 제1044조). 만약 이를 게을리하여 후순위 상속인에게 손해를 발생시키면 이를 배상하여야 합니다. 상속포기자가 이러한 의무 및 책임에서 벗어나고 싶다면, 가정법원에 상속재산관리인의 선임을 청구하여야 합니다.

가사·상속 전문 변호사 상담일지 #13

후견인에 대한 신뢰를 잃었습니다. 어떻게 해야 하죠?

법무법인(유) 로고스 가사/상속팀 홍예지 변호사

 십여 년 전 중증 루게릭병을 진단 받아 투병 중인 A씨는 정신적 판단 능력에는 아무런 이상이 없었지만 자력 거동, 자가 호흡, 구두 의사소통에 있어 어려움이 많았습니다. 하지만, 홀어머니의 헌신적인 보살핌과 중·고등학생 시절부터 인연을 이어온 친구들의 도움 덕분에, A씨는 필요한 치료를 받으며 큰 어려움 없이 일상생활을 이어올 수 있었습니다.

 그러나 시간이 흐르며 A씨의 어머니가 먼저 세상을 떠나게 되었고, 미혼이자 외동인 A씨에게는 더 이상 그를 돌보아 줄 수 있는 가족이 남아 있지 않게 되었습니다. 물론 막역한 친구들이 곁에 있었지만, 그들 역시 각자의 가족과 생업이 있는 만큼, A씨가 적시에 필요한 치료와 안정적인 돌봄을 받기 위해서는 법정대리인이 필요했습니다. 이에 A씨는 친구들의 도움을 받아 가정법원에 성년후견개시 심판을 청구하였고, 이후 사회복지사가 A씨의 후견인으로 선임되었습니다.

A씨는 24시간 타인의 도움이 필요한 중환자이기에, 두 명의 활동보조인이 교대로 그의 기초적인 위생 관리부터 산소호흡기 작동까지 꼼꼼히 살펴야 했습니다. 그런데 활동보조인 B씨는 욕창 예방을 위해 매일 시행해야 하는 체위 변경과 드레싱 교체를 소홀히 하였고, 산소호흡기를 작동하고 관리하는 데에 미숙했습니다. A씨는 처음에는 B씨가 점차 나아질 것이라 기대했지만, B씨의 태만한 돌봄 태도는 나아질 기미를 보이지 않았습니다.

그러던 중 A씨는 요도 쪽에 문제가 생겨 수술을 받게 되었고, 수술을 무사히 마친 뒤 퇴원을 하였으나, 퇴원 직후 갑작스러운 발열과 심박수 상승으로 인해 정상적인 호흡이 어려운 상태에 이르렀습니다. 그러나 B씨는 이러한 A씨의 이상 증세를 인식하지 못했고, A씨는 또 다른 활동보조인의 교대시간까지 그대로 방치되고 말았습니다.

A씨는 B씨와 함께 있는 시간이 불안하고 견디기 어려웠습니다. 다행히 오랜 시간 A씨를 지켜봐 온 친구들이 A씨가 불안해하고 있다는 것을 인지하였고, 또 다른 활동보조인에게 돌봄 상황을 확인하였습니다. 이후 A씨의 친구들은 A씨의 의사를 확인하여 후견인에게 여러 차례 B씨의 교체를 요청하였습니다. 그러나 후견인은 이를 대수롭지 않게 생각하며 별다른 조치 없이 B씨를 계속 A씨의 활동보조인으로 두었고, 연락도 잘되지 않았습니다. A씨와 A씨의 친구들은 이러한 후견인의 행위를 이해하기 어려웠습니다.

결국 더이상 후견인을 신뢰할 수 없게 된 A씨는 친구들의 도움을 받아, 현 상황에서 시도해볼 수 있는 법적 조치가 무엇이 있는지 자문을 구하기 위해 로펌의 문을 두드렸습니다.

체크리스트

사건본인 인적사항

- ✓ 이환자: 1962년생, 미혼, 친족 없음

- ✓ (2010. 3.~) 루게릭병

    - 자가호흡 및 자력거동 불가

    - 정신적 능력에는 이상 없음

    - 눈동자를 이용한 의사 표시 가능(의료진과도 같은 방법으로 소통 중)

- ✓ (2024. 6.~) 피성년후견인: 후견인 신전문

현재 상황

- ✓ 2명의 활동보조인이 교대하여 24시간 돌봄 중(사회복지서비스)

- ✓ 2024년 9월부터 활동보조인 B씨의 태만한 돌봄으로 인해 여러 차례 문제상황이 발생함

- ✓ A씨는 B씨와 함께 있는 것을 매우 불안해하여 교체를 원하고 있음

- ✓ 후견인은 거듭된 요청을 받고도, 간병인을 변경하는 조치를 취하지 않고 있으며 연락도 잘되지 않음

의뢰인의 문의 사항

- ✓ 후견인을 더 이상 신뢰할 수 없습니다. 후견인을 변경할 수는 없나요?

- ✓ B씨는 계속 활동보조인으로 일하고 있는데, 어떻게 대응할 수 있나요?

홍예지 변호사의 솔루션

Q1 후견인을 더 이상 신뢰할 수 없습니다. 후견인을 변경할 수는 없나요?

A1 후견인은 피후견인의 재산관리 및 신상보호 임무를 수행할 때 여러 사정을 고려하여 **피후견인의 복리에 부합하는 방법으로** 사무를 처리하여야 하고, 이 경우 피후견인의 복리에 반하지 않는 한 **피후견인의 의사를 존중하여야 할 의무**가 있습니다(민법 제947조).

한편, 피후견인 등은 가정법원에 피후견인의 복리를 위하여 후견인을 변경할 필요가 있음을 이유로 후견인 변경을 청구할 수 있습니다(민법 제940조). 이때 '피후견인의 복리를 위하여 후견인을 변경할 필요가 있다고 인정되는 경우'란, 가정법원이 **후견인의 임무 수행을 전체적으로 살펴보았을 때 선량한 관리자로서의 주의 의무를 게을리하여** 후견인으로서 그 임무를 수행하는데 적당하지 않은 사유가 있는 경우로서 **그 부적당한 점으로 피후견인의 복리에 영향이 있는 경우**를 의미합니다(대법원 2021. 2. 4. 선고 2020스647 판결).

본 사안의 경우, 중증 루게릭병 환자인 A씨는 활동보조인의 역량에 따라 그 생명과 신체에 중대한 영향을 받는 상황에 놓여 있습니다. 이에 A씨는 친구들의 도움을 받아 활동보조인 B씨의 돌봄 태도에 문제가 있음을 여러 차례 후견인에게 알리며 교체를 요청하였으나, 후견인은 별다른 조치를 취하지 않았고, 연락도 잘 닿지 않는 등 사실상 후견인의 역할을 소홀히 하고 있는 것으로 보입니다.

따라서 위와 같은 사정을 바탕으로, A씨는 정신적 판단 능력에 문제가 없어 의사 표시가 가능한 점, 활동보조인의 태만이 A씨의 생명과 신체에 직접적인 위해를 초래할 수 있는 점 등을 제시하며, 이러한 상황에서 후견인이 활동보조인의 교체 등 적절한 조치를 취하지 않고 있는 것은 선량한 관리자로서의 주의의무를 게을리한 부적당한 임무 수행이고, 이로 인해 A씨의 복리에 영향이 있음을 주장하여 후견인 변경 심판을 청구해볼 수 있습니다.

한편, 법원은 후견인 변경 필요성을 판단함에 있어 후견인의 재산관리와 신상보호 업무 전반을 종합적으로 고려합니다. 따라서 A씨에게 관리가 필요한 재산이 존재하고 후견인이 재산관리업무는 별다른 문제없이 수행하고 있는 경우라면, **후견인의 권한 범위 변경**(민법 제938조 제4항)과 **후견인 추가 선임**(민법 제936

조 제3항) **청구**를 고려해볼 수 있겠습니다.

Q2 B씨는 계속 활동보조인으로 일하고 있는데, 어떻게 대응할 수 있나요?

A2 후견인 변경 심판 절차는 대략 2~6개월 정도의 시간이 소요되는데, 피후견인 보호를 위한 조치가 시급한 경우 가사소송법 제62조에 따라 **후견인 직무집행정지 및 직무대행자 선임 사전처분을 함께 신청**해볼 수 있습니다. 사전처분은 가사 관련 소송이 진행되는 동안 법원이 명하는 당사자의 지위와 관련된 임시적인 처분으로 법원의 최종적인 결정이 나오기 전까지 효력이 있습니다.

본 사안의 경우, 후견인의 직무집행을 정지하고 직무대행자를 선임할 필요성이 있음을 강조하기 위해 A씨가 24시간 타인의 돌봄을 필요로 하고 이에 전적으로 의존할 수밖에 없는 상태에 있는 점, 활동보조인의 돌봄역량은 A씨의 생명, 신체에 직접적이고 중대한 영향을 미친다는 점 등을 적극적으로 주장하여야 할 것입니다.

> **실무 Tip**
>
> **공공후견제도**
>
> 현재 우리나라는 치매환자, 정신질환자, 발달장애인 중 경제적 이유로 후견인을 선임하기 어려운 분들을 위해 후견심판 청구와 후견 사무비용 등을 지원하는 사회복지 서비스를 제공하고 있습니다. 도움이 필요한 분들은 주소지 관할 치매안심센터나 발달장애인센터, 시·군·구청 또는 읍·면·동사무소를 통해 신청 가능합니다.